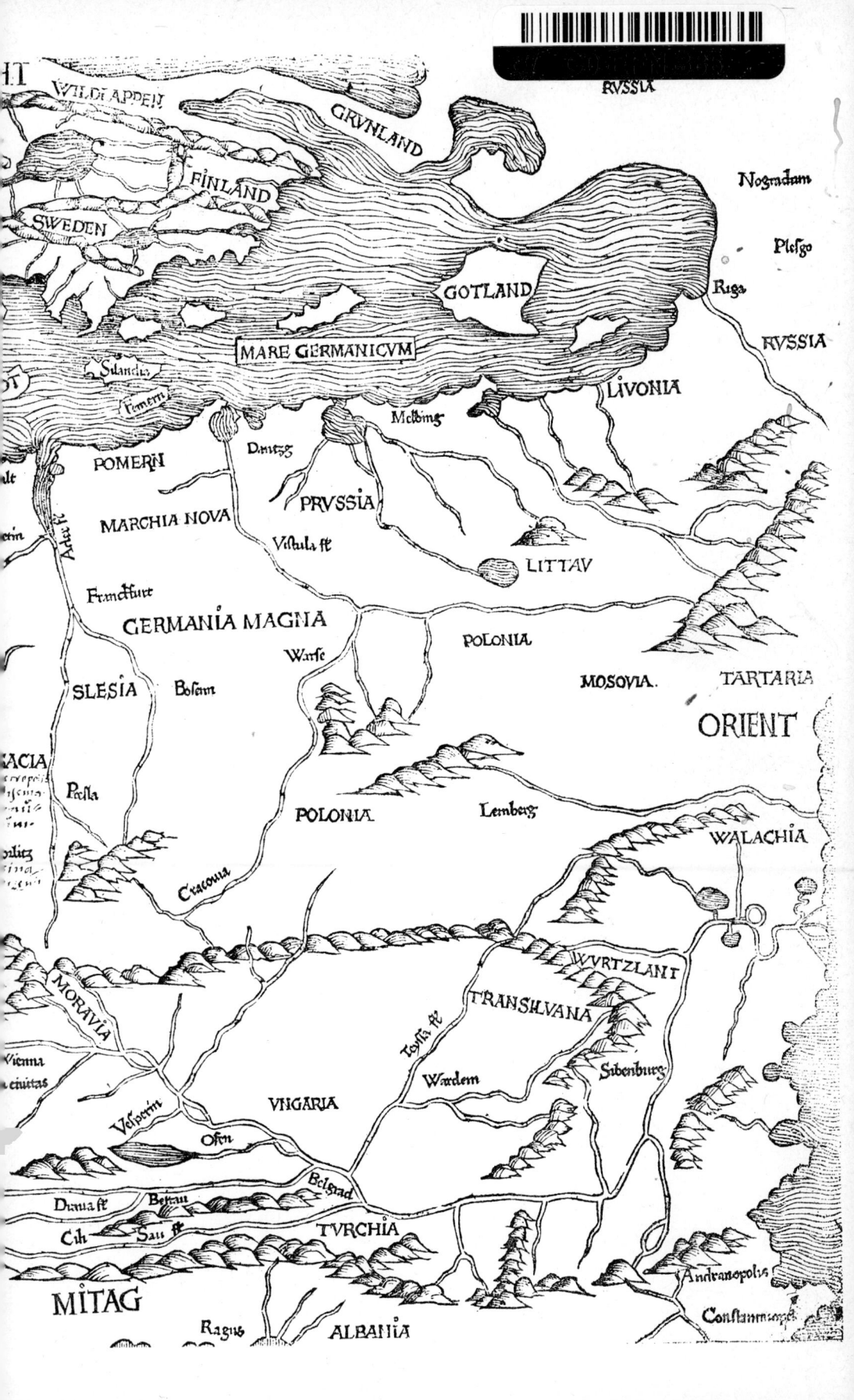

ZEUGNIS UND GERICHT

BIBLIOTHECA
HUMANISTICA & REFORMATORICA
VOLUME I

WITHDRAWN
HARVARD LIBRARY
WITHDRAWN

Christus als Weltkönig, aus H. Schedel, *Liber Cronicarum*, Nürnberg 1493. Universitätsbibliothek, Amsterdam.

ZEUGNIS UND GERICHT

*Kirchengeschichtliche Betrachtungen
bei Sebastian Franck und Matthias Flacius*

DR. S. L. VERHEUS

NIEUWKOOP
B. DE GRAAF
1971

Neu-bearbeitung der Dissertationsarbeit 'Kroniek en Kerugma'
Arnhem 1958
Deutsche Übersetzung: Ellen Vogelesang und R. Lamotte

© Dr. S. L. VERHEUS, AMSTERDAM
ISBN 90 6004 282 4

Printed in The Netherlands by N.V. Drukkerij Trio, The Hague

In memoriam
Hans und Rosa Bangerter-Hofer
Basel

INHALT

   I. EINLEITUNG   1

  II. DIE GESCHICHTBIBEL SEBASTIAN FRANCKS   7
     A. Beschreibender Teil   7
        Biographie – Inhaltsverzeichnis – Inhaltsübersicht
     B. Theologische Merkmale   25
        Eschatologische Struktur – Eschatologische Texte
        Pneumatologie und Christologie – Kirchenbegriff
     C. Theologische Beurteilung   38

 III. DIE MAGDEBURGER ZENTURIEN   49
     A. Beschreibender Teil   49
        Biographie – Inhaltsverzeichnis – Inhaltsübersicht
     B. Theologische Merkmale   65
        Christozentrischer Ausgangspunkt – Der Begriff 'doctrina' – Christozentrische Bestimmung des Gottesbegriffes und der Pneumatologie – Betrachtung des Menschen – Konsequenzen für die Geschichtsschreibung – Definition des Kirchenbegriffes – Funktion des Kirchenbegriffes in der Heilsgeschichte – Funktion des Kirchenbegriffes in der weltlichen Geschichte – Konsequenzen für die Geschichtsschreibung – Der Ort der Eschatologie in der Struktur des Werkes – Die eschatologischen Stellen im Geschichtswerk
     C. Theologische Beurteilung   88

 IV. VERGLEICHENDE BEURTEILUNG   95
     Der Charakter der protestantischen Geschichtsschreibung – Die Christonomie in der Geschichte – Die Kirche in der Geschichte

BIBLIOGRAPHIE   115

NAMENREGISTER   117

ABBILDUNGSVERZEICHNIS   121

ZITATION aus der *Geschichtbibel* (Ulm 1536) mit den Buchstaben G.B.,
mit Erwähnung der Chronik (I, II, III)
und mit Benutzung der angegebenen Seitenzahl, dabei
r (= recto) und v (= verso).
Zitation aus der *Ecclesiastica Historia* (Basel 1559–1574)
mit den Buchstaben E.H., mit Erwähnung der Zenturie (I, II, III etc.)
und Angabe der Spalte oder Seite.

Ep. ded. = Epistula dedicatoria.

Illustration aus der Schöpfungsgeschichte aus H. Schedel, *Liber Cronicarum*, Nürnberg 1493. Universitätsbibliothek, Amsterdam.

I EINLEITUNG

Von mehreren Seiten wurde darauf hingewiesen, dass die Eschatologie und insbesondere ihre Ausarbeitung im ganzen Glaubensdenken lange Zeit ein vernachlässigtes Kapitel innerhalb der Theologie geblieben ist. H. Berkhof sagt darüber in seinem *Sinn der Geschichte*: 'An irgend einer entlegenen Stelle der Dogmatik, ungefähr am Schluss, wurden gewöhnlich einige Worte über die sogenannten "Vorzeichen des Endes" gesagt. Meistens sah der Abschnitt sehr düster aus, denn er handelte nur oder fast nur von der Bosheit der Menschen und dem Kommen des Antichristen'.[1]

Ungefähr dieselbe Tendenz finden wir bei Jürgen Moltmann in der *Theologie der Hoffnung*. Er zeigt uns, dass die Ereignisse die man im Kapitel 'jüngster Tag' zur Diskussion stellt 'ihre weisende, aufrichtende und kritische Bedeutung verloren für alle jene Tage, die man hier, diesseits des Endes in der Geschichte zubrachte. So führten diese Lehren vom Ende ein eigentümlich steriles Dasein am Ende der christlichen Dogmatik ... man überliess die Eschatologie und ihre mobilisierende, revolutionierende und kritische Einwirkung in die jetzt zu lebende Geschichte den enthusiastischen Sekten und den revolutionären Gruppen ... die Hoffnung wanderte gleichsam aus der Kirche aus und kehrte sich in welcher verzerrten Gestalt auch immer gegen die Kirche'.[2]

Im Folgenden möchten wir zwei Geschichtswerke aus der Anfangszeit der Reformation miteinander vergleichen, bei denen die Themen Eschatologie, Geschichte und Theologie fortwährend zur Sprache kommen. Wir hoffen, dass auch die Problematik der Ausarbeitung der Eschatologie im ganzen theologischen Denken mit dieser Studie eine nähere Beleuchtung aus der Geschichte der Theologie erhält. Sebastian Francks *Geschichtbibel* und Flacius' *Ecclesiastica Historia*, meistens *Magdeburger Zenturien* genannt, zwei der wichtigsten Werke auf dem Gebiet der Kirchengeschichtsschreibung, erlebten beide das gleiche Schicksal: Zur Zeit ihres Erscheinens zogen sie in hohem Masse die Aufmerksamkeit auf sich, danach aber gerieten sie fast in Vergessenheit. Erst in der jüngsten Vergangenheit scheint das Interesse für den Inhalt der beiden Werke wieder gestiegen zu sein.

Die markanten theologischen Standpunkte Francks und Flacius' haben vielfach dazu geführt, dass das theologische Interesse zu sehr durch die extrem-einseitigen Positionen der beiden Verfasser bestimmt wurde und, dass man zum eigentümlichen Charakter der beiden Geschichtswerke kaum gekommen ist. Vor allem in der Vergangenheit zeigten die Historiker mehr Interesse als die Theologen.

Die Beurteilung beider Werke durch die Historiker ist gewiss nicht ungeteilt günstig. So schreibt Fueter in seinem bekannten Handbuch: *Geschichte der neueren Historiographie*, über die Geschichtbibel folgendes: 'Franck fertigte aus den Kompilationen Schedels und anderer eine neue Kompilation an, und übertraf dabei seine Vorgänger, wenn möglich noch an Kritiklosigkeit, Formlosigkeit und Flüchtigkeit der Arbeit'. Darauf lässt er jedoch unmittelbar ein etwas mehr wertendes Urteil folgen: 'Der Historiker, der die Geistesgeschichte des 16. Jahrhunderts behandelt, darf an dem originellen Kopfe, der die politische Geschichte vom demokratischen Standpunkte und die Kirchengeschichte vom Standpunkt der Mystik aus betrachtete, nicht vorüber gehen'.[3] Auch lobt Fueter Franck seiner grossen Offenheit und der Quellen wegen, die er in der Einleitung anzugeben versucht, womit er seine kompilatorische Tätigkeit als solche anerkennt.

Sehr positiv äussert sich W. Kaegi über die Geschichtbibel 'wenn man mit Recht bestritten hat, dass der Geist der Reformation am reinsten aus Sebastian Franck spreche, so wird man doch vielleicht zugeben, dass dieser seltsame Mann wie kaum ein anderer den Ruf der neuen Zeit nach einem neuen Geschichtsbild verstanden, dass er dieses Bild wenigstens in den Umrissen zu entwerfen vermocht und dass sein Gedanke unabsehbare Folgewirkungen gezeitigt hat bis zum heutigen Tag. Man ist hier auf dem Wege zu einer Lehre von der Offenbarung in der Geschichte . . .'.[4]

A. Klempt setzt hier ein Fragezeichen hinzu,[5] er meint: 'Franck war kein Universalhistoriker, sondern er versuchte in seinen Chroniken mit historischem Material, das er unkritisch übernahm, wo immer er es fand, seine eschatologische Auffassung vom bevorstehenden Untergang der Welt zu demonstrieren'. Wie sehr sich die Historiker in der Beurteilung von Francks Geschichtbibel angepasst haben, als einem mystischen Gegenstück zum dogmatischen Lutheranismus, zeigt sich aus dem, was wir in der *History of Historical Writing* unter Franck finden: 'Verfremdet vom Lutheranismus glaubte er, dass die wahre Kirche aus allen frommen end rechtschaffenen Menschen in der ganzen Welt, sogar unter den Heiden bestünde'.[6] Vom theologischen Aufbau des Werkes, der immer wieder durch ein ausführliches Vorwort des Autors erläutert wird, in dem er seiner eschatologischen Beunruhigung Ausdruck gibt, bleibt hier nichts übrig.

K. Räbers Geschichts-Dissertation über die Geschichtbibel weisst auf die Gefahr einer nivellierenden Beurteilung dieses Werkes hin: 'Aber wir laufen Gefahr, ein so Komplexes, wie die Haltung Francks in ein Schema zu pressen, worin sie sich nun einmal nicht pressen lässt. Wir müssten die Gewalt, die wir ihr antun, damit bezahlen, dass wir jede Möglichkeit zum wesentlichen Verständnis dieses so eigentümlichen Geistes verloren'.[7]

Ungefähr dasselbe gilt für die Beurteilung von Flacius' Zenturien. Fueter lobt zuerst Flacius, dass durch sein Werk ein neues Gebiet der menschlichen Geschichte wieder ins Gesichtsfeld der Historiker gekommen ist, sodass der Begriff Geschichte dadurch erweitert wurde.[8] Aber sofort wird angefügt, dass die Zenturien als 'historische Leistung' in jeder Hinsicht einen Schritt zurück bedeuten. Das Werk ist zu einem Arsenal protestantischer Polemik entartet, zwar geeignet für dieses praktisches Ziel, aber im Übrigen eine schlechte Imitation der humanistischen Methode. Die Beurteilung in der *History of Historical Writing* ist nicht viel günstiger: 'Vom Standpunkt der kritisch wissenschaftlichen Forschung aus waren die Zenturien schädlich, sie ersetzen die historische Forschung durch apologetische Literatur zu Gunsten des lokalen Protestantismus der örtlichen Fürsten'. Auch technisch gesehen bedeuten die Zenturien im Vergleich zu den humanistischen Annalen einen Schritt zurück, nämlich durch die Einführung eines mechanisch-chronologischen Schemas, wobei jeder Zyklus auf die sinnlose Einschränkung eines Jahrhunderts begrenzt blieb, statt eine fortschreitende, gleichmässig organische Entwicklung des Stoffes zu wählen.[9] Dennoch bleibt eine gewisse Anerkennung nicht aus: 'Trotz aller Mängel bedeuten die Zenturien eine enorme Herausforderung an die Vergangenheit der römisch katholischen Kirche – Protestanten und Katholiken wurde historisches Bewusstsein beigebracht'. Das Urteil von Barnes[10] stimmt vor allem im Negativen hiermit ziemlich überein.

In einer derartigen Beurteilung wird nicht anerkannt, dass die Einleitung eine ausführliche Erörterung des vom Autor gewählten Standpunktes gibt, womit die Frage der Subjektivität der Geschichtsschreibung zur Diskussion gestellt wird. Ebensowenig scheinen die Zenturien nach einer theologischen Vorstellungen angepassten Struktur konzipiert zu sein, die der Autor eindringlich erläutert und verteidigt. Die fragwürdige Einteilung in Jahrhunderte ist bei dieser Struktur von absolut untergeordneter Bedeutung. Statt einer 'fortschreitenden und organischen Entwicklung' kennt die Reformation eine ganz andere Struktur, durch die Bedeutung, die dem Glaubensentschluss jedem Gläubigen zugestanden wird. Es ist vor allem diese ganz eigene Struktur, die Protestanten und Katholiken mehr 'historically minded' gemacht hat. Luther hat von Anfang an das Wünscheswerte einer neuen Geschichtsschreibung gesehen, und das Werk Francks ist, wenn man den Motiven nachgeht, die er selber in seinem Vorwort angibt, aus der gleichen innerlichen Notwendigkeit heraus entstanden.

Es ist merkwürdig, dass im allgemeinen auch die Theologen an der Bedeutung dieser Geschichtswerke vorbeigegangen sind, und sie nicht in ihre Gespräche über die Problematik von Theologie und Geschichte einbezogen haben. Wohl haben moderne Autoren bei dieser Thematik darauf hingewiesen, dass gerade ausserhalb der traditionellen Theologie die Bedeutung der Eschatologie und ihre Ausarbeitung in der Geschichte früher und klarer erkannt worden ist, aber man hat sich nicht hinein vertieft wie dies dann z.B. in einem Werk wie der Geschichtbibel Gestalt bekommen hat.

Der holländische Kirchenhistoriker Lindeboom meint, was die Anerkennung der Geschichtbibel anbelangt, nachdrücklich von einem Manko sprechen zu können: 'Es ist merkwürdig, dass ein Mann, der soviele Anforderungen angemessen erfüllt, erst so spät als Geschichtsschreiber anerkannt wurde; lange hat er unter dem missbilligenden Urteil Melanchthons gelitten, der von den "indoctae Francus conditor historiae" gesprochen hatte. Der Ketzer Franck stellte den Historiker in den Schatten'.[11]

Unabsichtlich arbeitete Lindeboom vielleicht mit daran, dieses Ketzerurteil doch wieder vorherrschen zu lassen, wenn er zur Einleitung der Geschichtbibel den prinzipiellen Ausgangspunkt stellt: 'Historie wie Dogma lösen sich bei ihm im Symbol auf – vergleiche hierzu das Prinzip, das seiner Betrachtung der Geschichte zu Grunde liegt'. Diese Vereinfachung der komplexen Struktur der Geschichtbibel trägt wieder dazu bei, das Bild des Ketzer-Mystikers in den Mittelpunkt zu stellen. Das Handbuch von Jedin weiss über Franck zu berichten, dass er 'Kirchengeschichte treibt als Geschichte der Ketzer, wobei diese aber als die wahren Christen zu gelten haben'.[12]

Die Magdeburger Zenturien fanden etwas mehr Anerkennung bei den Theologen, wenn man auch feststellen muss, dass Flacius in der Geschichte der Theologie vor allem als Vertreter eines extrem-lutherischen Standpunktes bekannt ist. Erst in jüngster Vergangenheit hat man sich mit der theologischen Bedeutung des umfangreichen Werkes der Magdeburger Zenturien stärker beschäftigt.[13]

Erfreulich ist, dass etwa zugleich mit dem Eintreten der Diskussion über Theologie, Eschatologie und Geschichte Peter Meinholds *Geschichte der Kirchlichen Historiographie* erschien, wodurch reichhaltiges Quellenmaterial für die historische Beleuchtung des Themas Glaube und Geschichte, insbesondere Kirchengeschichte, erschlossen wurde. Es ist kein Zufall, dass wir im gleichen Rahmen einleitenden Betrachtungen über die Geschichtbibel wie über die Magdeburger Zenturien begegnen, welche die eigene Problematik dieser Werke deutlich ans Licht bringen.[14]

Meinhold bemerkt, dass Franck 'eine Geschichtskritik entwickelt hat, die über die der Täufer und Luthers weit hinausgeht. Seine Geschichtskritik ist eine Theologie der Geschichte, die sich allerdings trotz mancher Berührungen auch grundlegend von der Luthers unterscheidet'. Meinhold weisst weiter darauf hin, dass auch die Reformation nicht der Kritik Francks entkommt: der Aufstieg des 'papiernen Papstes' bedeutete für ihn schon ein Zeichen des Verfalls der Reformation. 'Das Drama, das alle Geschichte durchzieht, widerholt sich auch in der Geschichte der Reformation. So gilt auch von der Reformation, dass Christus, ebenso wie die Propheten vor ihm und die Apostel nach ihm, gekreuzigt und ausgestossen wird. Für Franck verbindet sich damit eine völlige Umkehrung aller Wertungen der Geschichte'.[15]

Wenn wir auch im Rahmen der Geschichtbibel das eschatologische Moment stärker betont sehen wollen, die theologische Bedeutung des Werkes ist bei Meinhold klar gestellt.

In der Einleitung zu den Magdeburger Zenturien zeigt Meinhold deutlich den typisch protestantischen Charakter dieses Geschichtswerkes: 'die Kirche wird zum eigentlichen Gegenstand der ganzen Darstellung gemacht. Dabei leuchtet nun das protestantische Verständnis der Kirche sofort in der Bemerkung auf, dass diese recht eigentlich an ihrer Lehre erkannt wird. Deshalb muss die

Darstellung der Lehre der Kirche nach der Überzeugung der Verfasser das beherrschende Thema der kirchlichen Geschichtsschreibung sein'.[16] Meinhold zeigt auch, dass durch den durchdachten methodischen Aufbau des ganzen Werkes eine Vertiefung der protestantischen Sicht der Geschichte eingetreten ist. Zusammenfassend kann es dann heissen: 'Der ersten protestantischen Darstellung der Kirchengeschichte, wie sie in den Magdeburger Zenturien vorliegt, kommt deshalb eine geradezu epochale Bedeutung für die kirchliche Geschichtsschreibung überhaupt zu'.[17]

Einen besonders lehrreichen Überblick über das Denken über Geschichte von Orosius bis Burckhardt gibt Karl Löwith in seinem interessanten Buch *Weltgeschichte und Heilsgeschehen*. Zu einer zusammenfassenden Betrachtung kommt der Autor im Kapitel 'Die biblische Auslegung der Geschichte'.[18] Hier schliesst er sich vor allem der Anschauung Cullmanns an und weisst auf einige notwendige Konsequenzen hin: 'Ein 'heiliges Römisches Reich' ist ein Widersinn. Ein Protestant wird ohne Bedenken dieser Feststellung beipflichten, obwohl er zögern wird, zuzugeben, dass sie im Prinzip auch die theologische Unmöglichkeit einer christlichen Demokratie, einer christlichen Kultur und einer christlichen Geschichte einschliesst'. Über die Kirche wird in dieser Studie nicht gesprochen. Ohne nähere Ausarbeitung des Kirchenbegriffs bleibt das Reden über 'realised eschatology', als ein Vorgeschmack auf die letzten Dinge, vollkommen in der Luft hängen. Das Messer, das der Autor an die üblichen christlichen Kultur- und Geschichtsbetrachtungen setzt, schneidet tiefer, und lässt den traditionellen reformatorischen Kirchenbegriff, wie er besonders im Landeskirchtum verwendet wird, gewiss nicht unberührt.

Die Gegenüberstellung dieser beiden Geschichtswerke aus der Anfangszeit der Reformation führt uns, wie sich im Folgenden zeigen wird, schliesslich zu den theologischen Fragen. An dieser Stelle möchten wir darauf hinweisen, dass wir anhand des vorgenommenen Vergleichs nicht versuchen werden zu einer normativen, allumfassenden Beurteilung der Problematik der theologischen Geschichtsschreibung zu kommen. Wir möchten auf unsere Untersuchung die bescheidene Äusserungen Francks anwenden: 'Was der Herr uns will verhalten haben / unnd auch die schrifft nit anzeygt / das wollen wir gern nit wissen / und in sein geheymnüs nit eingehn ausz ursachen / Prov. XXV. Eccl. XXXVII erzelet'.[19]

1. H. Berkhof, *Der Sinn der Geschichte*, Göttingen und Zürich 1962, S. 10.
2. J. Moltmann, *Theologie der Hoffnung*, 8) München 1969, S. 11.
3. E. Fueter, *Geschichte der neueren Historiographie*, 3) München 1936, S. 188.
4. W. Kaegi, *Grundformen der Geschichtsschreibung seit dem Mittelalter*, Utrecht 1948, S. 26.
5. A. Klempt in: *Mensch und Weltgeschichte*, Salzburg 1969, S. 209.
6. James Westfall Thompson, *A History of Historical Writing*, Vol. I, New York 1942, p. 524.
7. K. Räber, *Studien zur Geschichtsbibel Sebastian Francks*, Basel 1952, S. 26.
8. Fueter, a.a.O., S. 250.
9. Thompson, l.c. p. 530.
10. H. E. Barnes, *A History of Historical Writing*, 2) New York 1962, p. 124.
11. J. Lindeboom in: *Geschiedenis*, Assen 1944, blz. 88.
12. H. Jedin, *Handbuch der Kirchengeschichte*, Bd. IV, Freiburg 1967, S. 196.

13. so vor Allem: H. Scheible, *Der Entstehung der Magdeburger Zenturien. Ein Beitrag zur Geschichte der historiographischen Methode*, Gütersloh, 1966.
14. P. Meinholt, *Geschichte der kirchlichen Historiographie*, Bd. I, München 1967.
15. P. Meinholt, a.a.O., S. 301.
16. ebenda S. 277.
17. ebenda S. 279.
18. K. Löwith, *Weltgeschichte und Heilsgeschehen*, Stuttgart 1953, S. 168 ff.
19. G.B. III, cclxxv, v.

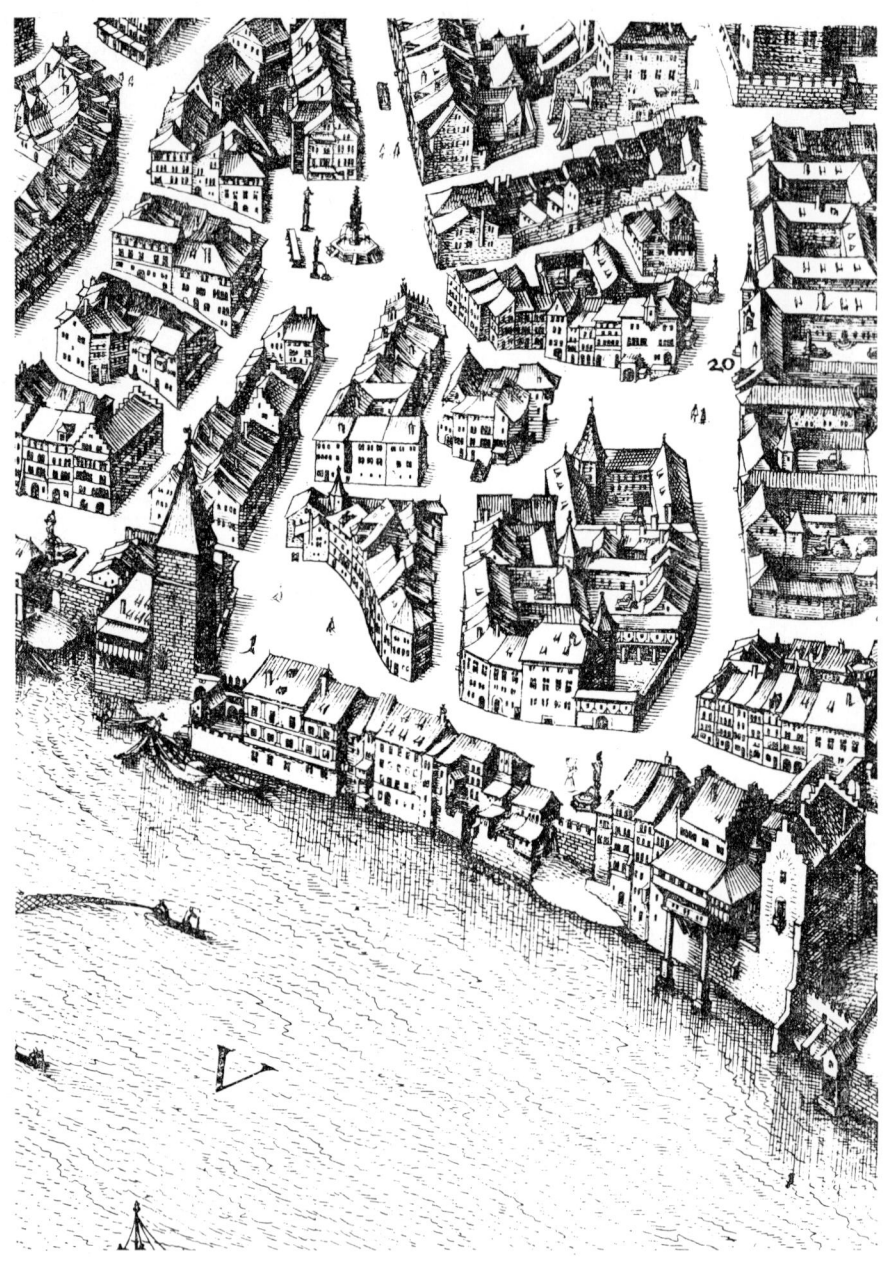

Das Baslerviertel, wo Sebastian Franck in Basel wohnte. Aus der Merian-Karte von 1615. Staatsarchiv, Basel.

II DIE GESCHICHTBIBEL SEBASTIAN FRANCKS

A. BESCHREIBENDER TEIL

BIOGRAPHIE.[1] Sebastian Franck wurde Anfang des Jahres 1499 in Donauwörth geboren, einer kleinen Reichsstadt, die an der Mündung der Wörnitz in die Donau gelegen ist. Im Jahre 1515 wurde er an der Universität von Ingolstadt immatrikuliert, an der Eck, Hubmaier und seit 1517 Hans Denck unterrichteten. Die Ausbildung, die Franck bekam, stand wahrscheinlich noch ganz im Bann des scholastischen Denkens. Später gab Franck eine ziemlich dürftige Auskunft über den Gehalt seiner Ausbildung, die er genossen hat: 'Als Deutscher geboren und in den barbarischen Zeiten unter Ungeleckten und Ungebildeten aufgewachsen, erkenne ich, dass meine Jugend zu spät kam für die Festzeit, vor dem Aufschwung der Literatur und dem Wiederaufleben der Sprachen', so nach seiner lateinischen Paraphrase der Theologia Deutsch.[2] Franck studierte in Ingolstadt die freien Künste und machte im Jahre 1517 das Examen als Baccalaureus. Danach ging er an das Kollegium der Dominikaner in Heidelberg. Dort soll er einer Disputation Luthers über Gnade und Gesetz beigewohnt haben, aber dies wird von ihm nirgends ausdrücklich erwähnt. Die folgenden Jahre sind in Nebel gehüllt, wahrscheinlich wurde er dann katholischer Priester. Im Jahre 1526 war er evangelischer Prediger in Buchenbach, zwei Jahre später in Güstenfelden, Dörfer in der Gegend von Nürnberg. Im März jenes Jahres heiratete er Ottilie Behaim und kam dadurch in den Kreis der Spiritualisten Bünderlin, Denck und Paracelsus. Er übersetzte die Diallagè des lutherischen Predigers Althamer, in der die Unhaltbarkeit der Vorstellungen Hans Dencks bewiesen werden musste. Obwohl auch der Tenor der Übersetzung gut lutherisch ist, schimmerte hie und da etwas von der Sympathie des Übersetzers für Denck durch. In dieser Zeit veröffentlichte Franck eine Arbeit mit moralischen Einschlag: '*Von dem greulichen Laster der Trunkenheyt*'. Eine gewisse Distanz hinsichtlich der bestehenden Kirchen spricht aus dem Lied der Jahre 1529: '*Von vier zwiträchtigen Kirchen, deren jede die ander verhasset und verdammet*'. Franck fuhr nach Strassburg, wo 1530 die 'Chronica und beschreibung der Turckey' erschien und am 5. September 1531 die '*Chronica, Zeitbuch und Geschichtbibel*', gedruckt bei Balthasar Beck.[3] Auf Grund dessen, was in der Ausgabe von 1531 auf S. CXIX 'vom Adler' und auf S. CCXXV über die Ketzer geschrieben wurde, hat Erasmus, der über die Tatsache erzürnt war, dass er in der Ketzerchronik erwähnt wurde, es dahin zu bringen gewusst, dass Franck am 30. Dez. aus der Stadt ausgewiesen wurde. Wir finden ihn dann weiter noch in Kehl und Esslingen; um sich ernähren zu können, erlernte er den Beruf eines Seifensieders. 1533 geht er nach Ulm, wo er das Bürgerrecht erhielt. Es erscheinen noch verschiedene Werke u.a. 'Die Kronenbüchlein', 'Paradoxa' und das 'Weltbuch Cosmographia'.

 Nachdem er auch hier schon vorher angeklagt war, musste er im Frühling 1539 auch Ulm wieder verlassen[4], wie das bald darauf auch mit Schwenckfeld der Fall war. Zu Fuss geht er von Ulm nach Basel, wo er eine gute Aufnahme im Hause des Buchhändlers Conrad Resch findet, im Haus mit der Glocke, wo acht Jahre vorher Calvin seine 'Institutiones' vollendet hat. Inzwischen war Franck Witwer geworden und hat sich wieder verheiratet mit Margaretha Beck, einer Tochter seines Strassburger Verlegers. Franck erlangte das Basler Bürgerrecht und wurde in die Safranzunft aufgenommen, wozu die Drucker in Basel merkwürdigerweise gerechnet wurden. Franck kaufte danach ein eigenes Haus am Salzberg bei St. Albansbrunnen. Mit Nicolas Breylinger publiziert er noch 'Das verbutschirt mit siben sigeln verschlossenen Buch', eine Griechisch-Lateinische Ausgabe des Neuen Testaments und eine 2. Ausgabe der Paradoxa. Nur kurz hat Franck vom Basler Bürgerrecht geniessen können: am 31. Oktober 1542 findet die Bestandsaufnahme des Inventars statt, er wird kurz davor gestorben sein. Wie wir später sehen werden, unterscheidet sich diese Lebensgeschichte erheblich vom Leben des Flacius unter dem Geschichtspunkt der Publizität. Doch gibt es eine ebenso erhebliche Ähnlichkeit in der Unruhe, das getrieben und vertrieben werden: zwei um der Wahrheit willen Getriebene und Vertriebene.

INHALTSVERZEICHNIS. Das Werk Francks, das uns beschäftigen wird, ist die im Jahre 1531 in Strassburg erschienene Geschichtbibel. Wir benutzten die zweite Auflage von 1536, die in den von uns erwähnten Texten im Vergleich zur ersten Auflage nahezu keine Abweichung aufweist.

 Wo Texte in der ersten Auflage fehlen, ist immer angegeben. Der vollständige Titel dieser zweiten Auflage lautet: *'Chronica Zeitbüch unnd Geschichtbibell von anbegyn biss in diss gegenwertig M.D. xxxvi.iar verlengt / Darinn bede Gottes und der welt lauff / händel / art / wort / werck / thün / lassen / kriegen / wesen / und leben ersehen und begriffen wirdt. Mit vil wunderbarlichen gedechtnis wirdigen worten und thaten / gütten und bösen Regimenten / Decreten / ic. Von allen Römischen Keysern / Bäpsten / Concilien / Ketzern / Orden und Secten / beide der Juden und Christen. Von dem ursprung und urhab aller breüch und missbreüch der Römischen kirchen / als der Bilder / H.ehr / Mess / Ceremonien / ic. so yetz im Bapstumb im schwanck geen / wie eins nach dem andern sey einbrochen / was / wa / wann / durch wen / und warumb. Ankunfft viler Reich / breüch / neüwer fünd / ic. Summa hierinn findstu gleich ein begriff / summari / innhalt und schatzkammer / nit aller / sonder der Chronickwirdigsten / auszerlessnen Historien / eingeleibt / und auss vilen von weittem doch angenummenen glaubwirdigen büchern / gleich als ein ymmen korb müselig züsammen tragen / in seer gütter ordnung für die augen gestelt / und in drey Chronick oder hauptbücher / verfasst. Durch Sebastianum Francken von Wörd / vormals in Teütscherzungen / nie gehört noch gelesen. Innhalt begriff und Register*

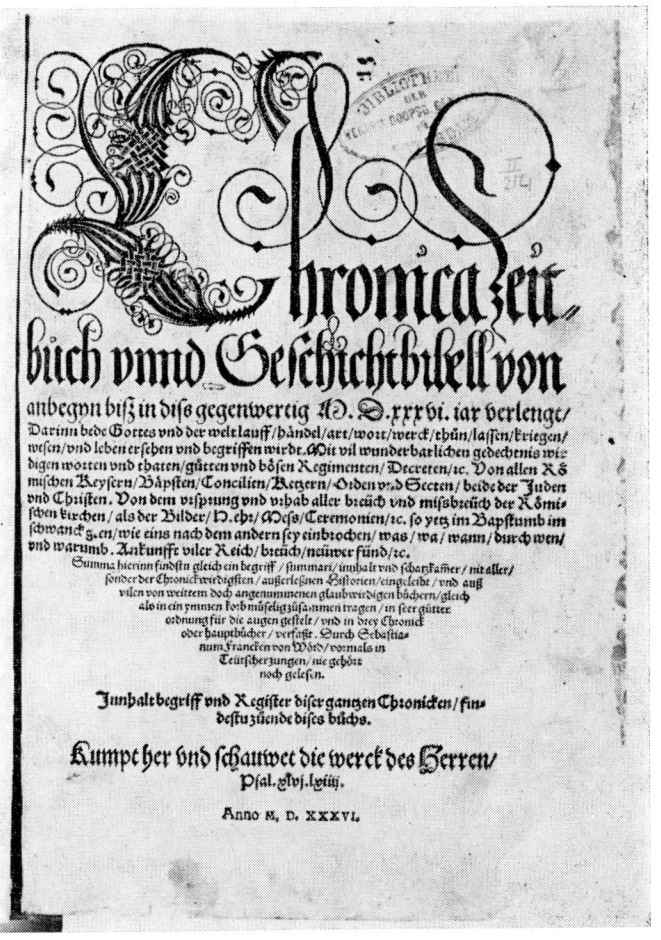

Sebastian Franck, *Chronica, Zeitbuch und Geschichtbibell.* Titelseite 2e Aufl. Ulm 1536. Bibliothek Ver. Doopsgez. Gem. Amsterdam.

diser gantzen Chronicken/findestu zuende dises büchs. Kumpt her und schauwet die werck des Herren/psal. xlvi.lxiiii. Anno M.D.XXXVI'.

Da es sich um ein ohnehin relativ unbekanntes Werk handelt, geben wir hier eine kurzgefasste Inhaltsübersicht:

Das Titelblatt enthält ein Vorwort und eine Einführung, danach folgt ein Verzeichnis von 112 Autoren, die er entweder selber gelesen hat oder bei anderen erwähnt fand. Danach wird der Inhalt folgendermassen aufgeteilt in:

I. Die Erste Chronik des Alten Testamentes, die alte Welt genannt, von Adam bis Christus.
   a. Dogmatische Einführung: Gott, der Name Gottes, Christi und des Heiligen Geistes.
   b. I. Zeitabschnitt: von Adam bis Noah.
   c. II. Zeitabschnitt: von Noah bis Abraham.
      die ersten Herrscher der Assyrer.
   d. Dogmatische Einführung: vom Ursprung des Adels.
   e. III. Zeitabschnitt: von Abraham bis David.
   f. IV. Zeitabschnitt: von David bis zur Babylonischen Gefangenschaft.
   g. Dogmatische Abhandlung: 'Ermanung an die Teütschen von dem brauch dieser historien'.
   h. V. Zeitabschnitt: Babylonische Gefangenschaft bis Christus.
   i. Kurze Wiedergabe der biblischen Geschichte.
   j. Dogmatische Abhandlung über den guten Fürsten.
   k. Das Verzeichnis der Richter und Könige der Juden.
      hier: 'Jezus Christus ein sun des lebendigen Gottes / ein Künig der Juden / und hohenpriester Israëls'.
   l. Von Künstlern und Philosophen.
   m. Dogmatische Abhandlung vom Vorbild der antiken Welt.

II. Die Zweite Chronik, die neue Welt des sechsten Zeitabschnittes, oder des Neuen Testamentes, von Julius oder Christus bis Karl V.
   a. Dogmatische Abhandlung vom Adler.
   b. Über die Zeitrechnung Daniëls.
   c. Über den apostolischen Zeitabschnitt.
   d. Reihe der römischen Kaiser von Julius bis Karl V.

III. Die Dritte Chronik, vom Papst und vom geistlichen Handel, von Petrus bis Clemens VII.
   a. Dogmatische Einführung.
   b. Buch I: Chronik der Päpste.
   c. Dogmatische Einführung zum zweiten Buch.
   d. Buch II: Chronik der römischen Konzilien.
   e. Dogmatische Einführung zum dritten Buch.

 f. Buch III: Alphabetische Chronik der römischen Ketzer.
 g. Dogmatische Einführung zum vierten Buch.
 i. Buch IV: Orden der römischen Kirche, darunter auch Sekten.
 j. Buch V: Gegen Bilder und Heiligenverehrung.
 k. Buch VI: Von der Abgötterei des Papsttumes.
 l. Buch VII: Von päpstlichen Pfründen und Verordnungen.
 m. Buch VIII: Von Prophezeiungen, Anzeichen, vom Antichrist und vom Ende aller Dinge.

Die Frage der Herkunft dieses Stoffes ist von Hermann Bischof ausführlich behandelt worden in '*Sebastian Franck und deutsche Geschichtsschreibung*'.[5] Er kommt zu den folgenden Ergebnissen: Der erste Zeitabschnitt ist vor allem der Bibel entnommen, der Zweite zum Teil der Bibel, zum Teil der Chronik von Schedel-Alt, Nürnberg 1493. Der dritte und vierte Zeitabschnitt sind, mit Ausnahme einiger biblischer Geschichten, nahezu völlig Schedel-Alt entnommen. Der fünfte Zeitabschnitt stammt zur Hälfte ebenfalls hieraus, zum anderen aus der Bibel und von Josephus.

Die unter I, l genannte Abhandlung von Künstlern und Philosophen ist eine mehr selbstständige Zusammenstellung Francks, obwohl auch hier viel auf Schedel-Alt zurückgeht. Die ganze Kaiserchronik ist fast wörtlich von Schedel-Alt übernommen. Bei der Papst-Chronik müssen wir zwischen verschiedenen Büchern unterscheiden. Das Erste ist wiederum eine fast buchstäbliche Übernahme von Schedel-Alt, das Zweite geht zum grössten Teil auf Dekretal-Bücher zurück, das Dritte ist eine mehr selbstständige Zusammenstellung. Das Vierte ist fast wieder buchstäblich von Schedel-Alt abgeschrieben, die Bücher fünf, sechs und sieben sind mehr selbständige Zusammenstellungen, das achte Buch enthält Material von Lactantius, Otto von Freising und Bibelstellen, aber nach Bischof 'spielen auch hier die eigentümlichen Reflexionen des Historikers eine Hauptrolle'.[6] Weil es sich bei der Geschichtbibel wie bei den Magdeburger Zenturien um ausdrücklich zusammengestellte Werke handelt, werden wir beim Zitieren zwischen Autor und Kompilator keinen Unterschied machen, sondern immer reden von 'Franck schreibt', bzw. 'Flacius schreibt', auch dort wo es kompilatorischen Stoff betrifft.

INHALTSÜBERSICHT. Das umfangreiche Geschichtsbuch beginnt mit einem allgemeinen Vorwort, in dem der Verfasser dem geneigten Leser wünscht Einsicht und Verständnis für die Wunderwerke und den Willen Gottes durch Christus unseren Heiland zu erfahren. Er weist in dieser Einleitung hin auf den kritischen Zustand dieser Welt, auf die wunderbare Herrschaft Gottes und auf die Aufgabe, die einem Chronikschreiber dabei zukommt. Ausserdem kommen das Verhältnis zwischen äusserer und innerer welt und der Funktion des Heiligen Geistes zur Sprache, den man 'den Schlüssel zu aller Prophetie' nennt. Nach diesem Vorwort vergegenwärtigt der Verfasser sich die benutzten Quellen, die er in alphabetischer Reihenfolge auffführt.

Die erste Chronik ist die des Alten Testaments, der alten Welt, was sich von Adam bis Christus ereignet hat. Der Anfang dieser Chronik ist streng theologisch, in genauer theologischer Folge wird der Reihe nach von Gott, Christus und dem Heiligen Geist, dem Menschen, den Engeln und der Seele geschrieben.

Diese theologischen Betrachtungen beginnen mit einem Gebet, in dem der Autor sein Werk Gott empfiehlt. Er spricht die Bitte aus, dass die Chronik Gott wohlgefällig sein und dass Gott ihm die Fertigstellung seiner Arbeit zugestehen möge. In biblischem Stil beschreibt dann der erste Zeitabschnitt auf wenigen Seiten die Zeit von Adam bis Noah. Der zweite Zeitabschnitt handelt von der Zeit Noahs bis Abraham und vom Anfang der Königsherrschaft der Syrer, eingeleitet von einer Abhandlung über die vier Könige, wie sie bei Daniel erwähnt sind. Schon bei der Besprechung von Noahs Nachkommenschaft bemerken wir sein Verhältnis zu Macht und Gewalt, das Jahrhunderte später bei Burckhardt seine klassische Formulierung in den Worten 'Macht ist böse' finden sollte. Macht und Herrschaft finden ihre Herkunft im gottlosen Zweig der auf Irrwege geratenen Kinder Noahs, sie stammen nicht von der 'Linie Christi' ab. Darum kann man in seiner Schrift für das Königtum und die Ausübung der Herrschaft auch nur wenig Würdigung finden.

Danach schliesst sich eine Abhandlung über die *'Ankunft des Adels'* an, deren Grundton ebenfalls besagt, dass der Adel eine heidnische Einrichtung ist. Der dritte Zeitabschnitt handelt von der Geschichte Abrahams bis David und gibt dabei eine religions-phaenomenologische Darstellung des Ursprung der Abgötterei, gefolgt von einigen geographischen Schilderungen. Auch hier finden wir eine negative Beurteilung der Macht, indem als bedeutendste Ursache der Abgötterei die Angst genannt wird, die sich in Vielgötterei oder Abgötterei einen Ausweg sucht. Dabei tritt bisweilen eine scharfe Einsicht in den Unterschied zwischen christlichem Glaube und Heidentum hervor: Ein frommer weiser gottloser und ein reicher Christ unterscheiden sich vor allem darin, dass der Gottlose gute Tugenden und Werke kennt, aber im Herze zweifelt, ob Gott ihm wohl gnädig ist, während ein Christ sehr wohl in anderen Tugenden zurückbleiben kann, aber in seinem Herzen, wegen der Zusage um Christi Willen, fest von Gottes gnädiger Zuneigung überzeugt ist.[7]

Der vierte Zeitabschnitt behandelt die Geschichte von David bis zu Babylonischen Gefangenschaft, eingeleitet von einer chronologischen Betrachtung mit der Überschrift: *'Drei anstöss in der schrifft'*. Im Anschluss an die Belagerung und Einnahme Jerusalems wird eine 'Ermahnung an die Deutschen von dem Gebrauch dieser Historien' eingefügt. Darin wird das Ereignis als deutliches Beispiel dargestellt. Im Hinblick auf das, was der Bauernaufstand gezeigt hat, wird ein 'wehrloser Widerstand' gepredigt.

Der fünfte Zeitabschnitt behandelt die Zeit der Babylonischen Gefangenschaft bis Christus. Auch dieses Stück fängt mit einer chronologischen Einleitung an. Hier finden wir auch einen Auszug aus der Biblischen Geschichte von Caspar Turnauwer. Als Einleitung dazu bespricht der Autor den Platz Israels inmitten der Völker. Obwohl Gott der Herr aller Länder und Völker ist, hat Er sich, um besser erkannt zu werden, inmitten der Völker ein eigenes Volk auserwählt. Er gab diesem Volk ein Gesetz und Sakrament oder Zeichen. Um nun dieses Volk besser kennenzulernen, will der Autor eine Zusammenfassung der biblischen Geschichte aufzeichnen, damit die Leser die biblischen Geschichten genauer studieren können und den exemplarischen Charakter beim Betrachten der eigenen Zeit besser verstehen können. Obwohl die Bibel heutzutage in jeder Sprache erhältlich ist, sodass man sogar sagen kann, dass fast auf jeder Bank ein 'ungelesenes Elend' liegt, darf dieser Stoff dennoch in der Chronik nicht ganz fehlen. Auffallende Kritik der biblischen Überlieferung wird bei der Besprechung der Stelle des Sieges Gideons geübt, wo erzählt wird, dass Gideon nach dem Sieg aus der Beute für Gott einen Ephod errichten lässt. Hier stellt der Autor fest, dass ein gefährlicher Weg eingeschlagen wird, der leicht zur Abgötterei führen kann.[8]

Ebenso kommt zur Sprache, dass die Einrichtung des Königtums in Israel ein Zeichen innerlichen Verfalles war.[9] Bei der Besprechung des Tempelbaus Salomos wird scharfe Kritik ausgesprochen, dass es nämlich besser gewesen wäre, wenn gar kein Tempel gebaut worden wäre. Salomo wird dann auch beiläufig als 'Götzenknecht' gebrandmarkt. Nach der biblischen Geschichte folgt ein Abschnitt über das Königtum der Perser und Meder. Im Vorwort über die Königsherrschaft der Meder begegnen wir dem Gedanken, dass das Auftreten eines Tyrannen oft unvermeidlich sein soll, um Schlimmerem zuvorzukommen: Gott möchte lieber, dass ein Tyrann regiert, als dass das vielköpfige Ungetüm 'Herromnes' die Herrschaft bekommt.[10] Bei der Besprechung der Herrschaft des Darius finden wir die Notiz, dass von den verschiedensten Regierungsformen die der Monarchie noch am wünschenswertesten ist, da diese Gottes Herrschaft am nächsten kommt.[11] Als Abschluss dieser Geschichtsdarstellung schenkt der Autor abermals der Zeitrechnung grosse Aufmerksamkeit: er bespricht die siebzig Wochen des Daniel; es folgt eine tabula annorum, in der diese Berechnung verarbeitet ist.

In einer ziemlich bunten Mischung kommen dann nacheinander an die Reihe: die griechischen Kriege und eine Königsliste der Perser, von Josephus übernommen. Die Abhandlung vom Entstehen der Sekten innerhalb des Judentums veranlasst eine scharfe, auf die eigene Zeit gerichtete Kritik.

Die Essener, die sagten, dass die Pharisäer und Sadduzäer mit ihrer Frömmigkeit nur angäben aber nichts täten, wollten dieses Übel ernsthaft bekämpfen, darum nannten sie sich Essener-Operarii. Nun machen die Anabaptisten das gleiche. Dies führt aber zu einer törichten, groben Klosterfrömmigkeit, nicht minder zur Heuchelei, so dass dies nicht lange anhalten kann.

Jetzt teilen sich wieder drei Parteien die Kirche, kein Wunder übrigens, denn die Wiederkunft Christi ist nahe. Was sich im Judentum abspielte ist 'ein figur der Christenheit'.[12]

Eine ausführliche Liste führt die Hohenpriester und die geistliche Herrschaft Israels und Judas auf. Nach der Erwähnung Hyrcanus und Herodes Antipaters wird ohne weitere Abschweifungen genannt: 'Jesus Christus, der Sohn des lebendigen Gottes, König der Juden und Hohenpriester Israels'. Als alle Hoffnung in Israel erloschen schien, wurde der König der Juden geboren. Christus trat aber erst nach dreissig Jahren 'in sein ampt'.[13] Es folgen noch einige Seiten mit verschiedenen Zeitabschnitten vom Anfang der Weltgeschichte bis zur Ankunft Christi. Nach der Geschichte Israels kommt das klassische Altertum an die Reihe: ein ziemlich umfangreiches Kapitel behandelt die Philosophen. Die Einleitung gibt einen klaren Einblick in die Auffassung des Autors hinsichtlich des Verhältnisses von allgemeiner und besonderer Offenbarung. Das Kapitel über die Philosophen ist wie ein Vorspiel zur Ankunft des Messias. In der Zeit vor und um das Auftreten Christi war die 'Welt sehr gelehrt'. Man könnte fast sagen: sie mussten den Geist der Apostel gehört haben oder ihnen zugehört haben. Dennoch möchte der Autor es nicht so stehen lassen, 'weil Got/der nicht uff die person sieht/auch der heyden Got ist/und seine werck wunderbarlich. Es ist ye ein herr und got unser aller/von des geyst saugen und gelert werden alle/die in der still zu hören. Sihe Plotinum/Diogenem ic. und urteyl'.[14] Wir kommen hier dicht zum erasmischen 'heiliger Socrates bete für uns!'. Diogenes wird ziemlich viel Raum zugemessen, ausgiebig lobt die Chronik Catos 'treffenlich Evangelisch gemesz leer', sehr ausführlich ist auch die Stelle, in der das Lachen Demokrits behantelt wird. Der Kern von allem vereinbart sich, nach dem Urteil des Autors, gut mit der Weisheit Salomos, die auch von der Eitelkeit aller Dinge wusste. Die Erste Chronik schliesst mit einem Kapitel, das den Gegensatz zwischen alter und neuer Welt deutlich erkennen lassen will, der schon im Titel klar heraus kommt: 'Beschluss der ersten Chronick/von der handthierung der ersten alten frommen welt/dargegen von den händeln diser yetzigen neüwen welt'. Das Kapitel idealisiert die Einfachheit der agrarischen Kultur, der eine in steigendem Masse verwerfliche 'Hochkonjunktur' entgegengestellt wird. Der Schluss gibt einen eindringlichen Hinweis auf das nahe Ende dieser Welt: 'Darumb sei dise Histori nun zum gericht und zeügnis über sy erzelt'.[15] Eine chronologische Betrachtung schliesst das Ganze ab.

Die zweite Chronik ist im Titel folgendermassen umschrieben: die Chronik *'des sechsten letzten Alters/oder dess newen Testaments/von Julio/oder Christo an/biss auff Carolum den fünfften/in dis gegenwertig M.D.xxxvi-jar'*, mit dem Spruch unter dem Titel *'Psalm xxviii. Sie mercken auff das thun des Herren nicht/noch auff die werck seiner hände/darumb werden sy aussgereüt/und nicht erbauwen'*.[16] Bemerkenswert ist in diesem Titel das Nebeneinander des sechsten Zeitabschnittes als Zeitabschnitt des Neuen Testamentes oder von Julius oder Christus bis Karl V. Diese Chronik beginnt mit einer ziemlich ausführlichen Abhandlung *'Vom Adler'*, ein Thema das dem Adagia von Erasmus entnommen ist.[17] Der Tenor dieser ganzen Abhandlung ist, dass die gegebenen Macht-Möglichkeiten meistens zur Tyrannei und zum Machtmissbrauch führen.

Nicht ohne Grund ist die Redensart in Umlauf gekommen: 'lange bei Hofe, lange in der Hölle'. Es ist besser keine Herrschaft und Macht zu suchen, sondern sich mit Paulus (Rom. 11 und 12) in das Niedere zu fügen.

Zuerst beschäftigt sich die Chronik mit dem Zeitraum des Neuen Testaments, des Reiches und des Priesteramtes Christi, des letzten Hohenpriesters. Als Einleitung legt der Autor nochmals den Standpunkt von Johan Brenz über die 70 Wochen bei Daniel dar. Danach wird das Leben Christi beschrieben unter dem Titel: '*Die freündtschafft / geburt und geschlecht register Jesu Christi / und der Apostel / nach dem fleysch / mitt Johanne dem Teüffer / und von yrer aller herkummen in gemeyn*'. In sehr schlichten Worten wird die jungfräuliche Geburt der Maria beschrieben. Bezüglich ihres Lebens verweist die Chronik auf das Neue Testament. Der Autor distanziert sich an dieser Stelle sehr deutlich von jeder ausserhalb der biblischen Angaben durchgeführten Marienverehrung: 'Von der himmelfahrt und krönung Marie ist eyn solche flaschgarey / das mich verdrossen hat zu lesen / ich geschweig zu schreiben. Weil nun nichts gewiss vorhanden ist / auch das zu wissen unnötig / der herr im vorbehalten hat / lass ich sy im herren rügen. Von seinen jüngern liss das dritt theyl diser Chronick / gleich zu anfang'.[18]

Die Apostelgeschichte wird dann im dritten Teil behandelt. Im Anschluss an das Obenstehende berichtet eine viertel Seite von der Bedeutung des Phoenix. Der Hauptteil dieser Chronik ist eine Liste der römischen Kaiser. Hier und da sind einige Besonderheiten zu erwähnen. So widmet der Autor bei der Darstellung Neros der 'christlichen Lehre Senecas' löbliche Worte, daran schliesst sich ein merkwürdiges Kapitel an, das von der Redlichkeit und Sanftmütigkeit der Heiden gegenüber den Christen handelt. Die tolerante Haltung der römischen Autoritäten wird gelobt, wobei auch der Brief des Plinius zur Sprache kommt. Die Christen scheuten sich nicht, freimütig das Kreuz auf sich zu nehmen, was sehr wohl einen grellen Kontrast zum Verhalten der späteren Christen bildet, die sich mit dem Motiv der christlichen Freiheit entschuldigten, wenn sie fürchteten, das Kreuz auf sich nehmen zu müssen. Eine Randnotiz geht sogar so weit, dass behauptet wird: 'Freiheit zu glauben bey den Heyden meer dann yetzt bei den Christen'.[19] Dann finden wir ein wohl sehr ungebräuchliches Bild der Predigt Christi und der ersten Apostel. Den Aposteln wurden bei ihrer Predigt freie Hand gelassen, es dauerte lange, bis sie vor ein Gericht gebracht wurden. Auch Christus hat man geraume Zeit toleriert: dreieinhalb Jahre konnte er predigen und das Volk zum Abfall von seinem Glauben bewegen, sogar gegen das jüdische Gesetz, das sie doch für Gottes Geschenk hielten und doch 'dulden sie in so lang'. Man wird zugeben müssen, dass Festus und Felix Paulus sittlich und weise gehandelt haben: ja, die Heiden haben die Christen richtig und 'gut bürgerlich' behandelt. Danach ist es nun mit der Toleranz unter den Christen viel schlechter bestellt. Wer nur ein 'Hüsteln' gegen eine bestimmte Kirchenordnung hören lässt, wird als Unruhestifter verdächtig gemacht. Aus all diesem wird deutlich, dass nun die Zeiten gekommen sind, von denen Paulus in II. Tim. 4 spricht, die Zeiten, in denen kein Platz für die Wahrheit ist und wo man in jüdischer Weise gegen die Absicht Christi über das Gesetz streitet. Aber unmittelbar darauf folgt eine Stelle, in der unumwunden beschrieben wird, wie die

Heiden immer gegen die Christen gelogen haben. Bei der Darstellung der Kaiser kommen auch die Verfolgungen in chronologischer Folge zur Sprache. In einer ziemlich ausführlichen Schilderung lesen wir von der Bekehrung Konstantins und der Schenkung an Sylvester. Aber am Schluss dieser im allgemeinen Konstantin wohlwollenden Beschreibung, steht eine Bemerkung, die von Bedeutung ist, weil sie eine Kritik wiedergibt, der wir im weiteren Werk wieder begegnen werden: bei der Taufe Konstantins wurde eine Stimme im Himmel gehört: es ist Gift oder die Pestilenz in die Kirchen gefallen. Manche Wissenschaftler erklären dies folgendermassen, dass es ihm nicht Ernst war mit seiner Bekehrung.[20] Die Frage der Schenkung wird kritisch unter die Lupe genommen; die Schlussfolgerung ist dabei nicht umstritten: wer schliesslich die Grundlegung des Papsttums sucht, wird Sand und keinen Felsen finden.

Beharrlich widersetzt sich der Autor danach dem falschen Brauch, den Kaiser Konstantinopolitaner zu nennen, er belässt es lieber bei: Römischer Kaiser. Die verschiedenen Kaiser kommen anschliessend alle an die Reihe in einer kurzen Beschreibung. Besondere Aufmerksamkeit bekommt auch das Emporkommen des Islam, von dem erzählt wird, dass es aus 'einem übel gemischten Futter aus Altem Testament und Evangelium' entstanden ist. Einen deutlichen Einschnitt in die Geschichte verzeichnet die Chronik bei der Krönung Karls des Grossen. Hier zeigt sich eine tiefgreifende Änderung des Verhältnisses zwischen Kirche und Staat. In diesem Augenblick steigt der Papst über den Kaiser. Ab Karl dem Grossen leiht der Kaiser in gewissen Sinne die Macht des Papstes. Man kann ihn sogar ruhig einen Knecht des Paptes nennen. Zuvor gehorchten die Päpste den Fürsten. Dies blieb auch so bis zu diesem 'behexten papstgläubigen Karl'. Übrigens was es ein guter und erfolgreicher Fürst, er gab seinem Kind eine Erziehung, die mehr auf ein arbeitsames Leben als auf Pracht und höfischen Prunk ausgerichtet war.[21]

Danach kommt der Übergang der Macht auf die deutschen Kurfürsten zur Sprache. Dies veranlasst Franck zu einer prinzipiellen Betrachtung über die Art der Obrigkeit. Die Monarchie ist mehr erwünscht als die Demokratie, denn wo viele Hirten sind, lässt das Regime meistens viel zu wünschen übrig. Die Obrigkeit stammt von den Heiden und Juden ab, aber wie Christus vor Pilatus beteuert hat, ist alle Macht von Oben gegeben. Gott hat auch das Römische Reich bis zu einer bestimmten Zeit fortbestehen lassen, nicht nur aus natürlicher Kraft, sondern auch weil Christus es gebilligt hat. Bei seiner Geburt fügt man sich doch der Volkszählung des Kaisers und er wollte selber dem Kaiser geben, was des Kaisers ist. Die alte Kirche hat deshalb auch den Gehorsam gegenüber der Obrigkeit nicht angezweifelt. Weil Christus sich unter diese Herrschaft fügen wollte, ist keiner, soweit auch sein Zepter reicht, von der Plicht, dem Kaiser zu gehorchen, ausgeschlossen. Aus dem Frieden unter Kaiser Augustus lässt sich folgern, dass die Monarchie Gottes Zustimmung hatte. Der Gehorsam gegenüber der Obrigkeit schliesst dadurch die Möglichkeit von heidnischen Tyrannen ein. Man denke nur an die Zeit Christi. Ausserdem könnte man unter bestimmten Umständen den Turken gehörchen müssen. Die Spannungen

15

zwischen den deutschen Kaisern und den Päpsten werden relativ kurz und sachlich beschrieben.

Ausgiebig dagegen kommen die Kreuzzüge zur Sprache. Hier übt der Autor scharfe Kritik an dem Missverständnis, das hier mitspielt, wenn man den christlichen Glauben zu stark an einen bestimmten Ort binden will. Es muss doch törichter Eifer sein 'nit nach der kunst', wenn man nach Heiligen sucht, wozu wir von Christus überhaupt keinen Auftrag erhalten haben. Die Bibel, so fährt diese Betrachtung fort, spricht von einem ganz anderem Kreuz. Das sollen wir nicht in Jerusalem, sondern in unserem eigenen Herzen suchen. Wir werden mit dieser Art törichter Unternehmungen nichts erreichen, bevor wir Christus dort suchen, wo er ist. Dasselbe gilt auch für die Turken. Es ist von viel grösserer Bedeutung 'den Türken' aus unserem Herzen zu vertreiben. Gott wird mit allen Beratungen und Aktivitäten Spott treiben, die nicht aus ihm kommen.[22] Auch beim Erwähnen des Kinderkreuzzuges merkt der Autor an, dass Gott deutlich gezeigt hat, wie er unserer Pläne spottet. Vielleicht wollte er hiermit auch deutlich machen, dass, wenn wir das heilige Grab finden wollen, wir erst so wie die Kinder werden müssen. Danach behandelt die Chronik die verschiedensten Themen: den Streit zwischen Guelfen und Ghibellinen, den Aufmarsch der Türken, den Aufruhr der Hussiten, den Reichstag in Nürnberg, das Konzil in Basel, den Reichstag in Regensburg und eine gefühlsbeladene Beschreibung der Einnahme von Konstantinopel durch die Türken. Wunderzeichen und örtliche Aufstände füllen die nächsten Seiten, danach bringt die Chronik ein eigenartiges Geschlechtsregister über die Abstammung Fränkischer und Habsburger Fürsten von Noah (!). Ausführlich besingt die Chronik das Lob auf Kaiser Maximilian von Österreich. Nicht im geringsten wird jedoch gelobt, dass er keinerlei Pracht und Prunk bei seiner Beerdigung wünschte, was manche zu erzählen wussten, weil er vorausgesehen hatte, wie das Leben nun geworden ist und wie es in der Zukunft werden würde.

Scharfe Kritik wird dagegen am Aufstieg der bezahlten Landsknechte zu einem selbständigen Stand geübt. Kein Wort ist scharf genug, um die Nutzlosigkeit und das Törichte dieser Einrichtung zu kritisieren. Diese ist zu einem nicht geringen Teil die Ursache für die wachsende Zahl der Kriege. Weder vor Gott noch vor der Welt ist sie von irgendeinem Nutzen. Auch hier klingt schliesslich ein eschatologisches Motiv durch: die Finsternis muss nun einmal solche Diener haben, 'ein sollich nest/solch vögel. Dann die welt die kein liecht kan leiden/ muss durchaus solche leüt haben/Got helff uns/Amen'.[23] Als Intermezzo erzählt dann die Chronik die Geschichte von vier Mönchen in Bern. Wir kommen zu Karl V. Eine bestimmte Kritik schillert beim Beschreiben der Hochzeitsfeste durch: 'Es hätte nicht verschwenderischer zugehen können, wir haben nichts zu erwarten als die demütigende Hand Gottes'.[24] Die Krönung und der Einzug liefern den Stoff für eine sehr farbige und lebhafte Beschreibung. Leise Kritik klingt auch in einer Bemerkung über die Pracht und den Prunk, die beim Reichstag in Worms zur Schau gestellt wurden, durch: 'Was man auf diesem Reichstag mit so enorm viel Kosten verhandelt und ausgerichtet hat, davon weiss ich (wie fast keiner von allen) viel zu berichten, dass es einer Chronik würdig ist'.[25] Die Beschreibung der Krönung ist sehr ausführlich, sie verfolgt die Zeremonie bis ins Detail, wobei jedoch kein einzelner Kommentar abgegeben wird. Die gleiche kritische Bemerkung finden wir bei der Beschreibung des Reichstages in Augsburg: 'Auf diesem Reichstag, auf den die ganze Welt so lange und sehnsüchtig gehofft hat, ist fast nichts zu stande gekomen. So macht Gott unsere Pläne zunichte, damit wir sehen, wie unsere Weisheit von Gott beschämt wird. Und wenn auch schon etwas aufs Tapet gebracht wurde, so hätte es keiner in diesem lärmvollen Plenum vortragen können, damit es ordentlich angenommen werden konnte'.[26] Die Belagerung, das Bestürmen und die Einnahme Roms durch Karl V, sieht die Chronik als eine Geschichte voller verborgener Geheimnisse Gottes. Dann brechen die Aufstände aus: erst in Salzburg und der Steiermark, darauf der grosse Bauernkrieg in Süddeutschland. In einer Betrachtung, die auf diese Beschreibung folgt, finden wir die Auffassung vertreten, dass solche Aufstände, die als Widerstand gegen ein Unrecht gemeint waren, ein vorzeitiges Eingreifen der Menschen in den Willen und die Handlungsweisen Gottes sind. Die Bauern verstanden nicht, dass die Tyrannei, die sie unterdrückte, vorübergehend, von Gott gewollt oder erlaubt war. Bei dem sich nähernden eschatologischen Ende würde Gott sicherlich die Tyrannen nicht vergessen. Als Beispiel kann auf die Tyrannei in Ägypten hingewiesen werden, die sich selbst auch auflöste, als Gott die Zeit für gekommen hielt.

Darum ist es besser, mit Geduld zu schweigen und sich der Rute zu beugen, bis Gott ohne unser Zutun den Tyrannen umbringt, was zweifelsohne geschehen wird, wenn das 'stündlin' gekommen ist. Gott wird sich des Tyrannen erinnern: es ist nun nur Zeit, sich zu bekehren, bevor Er den schon gespannten Bogen loslässt.[27]

Das nächste Kapitel geht weiter auf das hier angegebene Thema ein. Es handelt von Dienst und Frondienst, deren Herkunft und ihrer Bedeutung. Deutlich verkündet diese Stelle die Lehre, dass es einem Christen geboten ist, Gewalt zu ertragen und nicht das Unrecht mit Unrecht zu vergelten: 'Dann weil ein Christ schuldig ist gwalt zu leiden/darff er nit vil fragens/was er schuldig oder nit sey/er ist alles schuldig/was man mit gewalt von im haben will/den rock zum mantel/darff sich nicht sperren/und nach der gerechtigkeit darumb fragen/wie die auffrürigen paurn theten/und des Zehends grund wissen. Die Register seind der welt Bibel/gib du/was gehts dich an/Matth. v. Luce vi. Gott/des die rach ist/unnd nitt dein/wirt sy woll darumb finden/Rom. xii'.[28]

Ein Christ muss das Unrecht mit Worten (die von Gott sein müssen und das Schwert der Christen sind) bekämpfen, mit Wonne muss er den Mund des Gegners stopfen. Für jeden Dienst gilt: 'es muss doch gelitten sein'. Dies gibt Antwort auf sehr viele Fragen, die täglich auf der Tagesordnung stehen. Die Obrigkeit ist ein Werkzeug Gottes: an sich nicht gut und nicht böse, aber ein Werkzeug, ein Instrument in der Hand Gottes. Für die Obrigkeit gilt: 'Gib!, es ist sein Recht, willst Du nicht, dann musst Du'. Man muss versuchen durch

Geben im Namen Gottes aus der Not eine Tugend zu machen. Die Chronik gibt anschliessend eine ziemlich sachliche Wiedergabe der Belagerung Wiens durch die Türken und den später folgenden Rückzug. Auch der Reichstag in Augsburg bekommt die nötige Aufmerksamkeit. Es ist nicht viel zustande gekommen. Die Fürsten mussten erkennen, dass dieses Mittel nicht hilft und mussten durch Schaden und Schande klug werden. So geht es, wenn man in Glaubensangelegenheiten bei weltlicher Herrschaft und bei Fürsten zu Rate geht und nicht allein auf Gott als denjenigen vertraut, der allein wirkliche Veränderungen bringen kann.

Wahrscheinlich wird auch hier der Ausspruch anzuwenden sein, dass ein in sich aufgeteiltes Reich nicht bestehen kann. Christus ist ja nicht gekommen, um einen für alle Welt gleichförmigen Frieden zu bringen.

Diese ganze organisatorische Besorgtheit übersieht das Wichtigste: nämlich, dass der Jüngste Tag schon sehr nahe ist.[29] Darauf weisen auch noch andere Teile der Gesellschaft hin: das Wichtigste ist wohl die kostspielige und unnatürliche 'Hochkonjunktur'. Alle Prophezeiungen und Zeichen weisen deutlich auf den kommenden Jüngsten Tag. Jetzt ist die Zeit angebrochen, wo das Evangelium, das bis an die äussersten Enden der Erde gepredigt wurde, den Völkern zum Urteil geworden ist. Der Reichstag in Speyer hat ebensowenig brauchbare Ergebnisse geliefert. Die Chronik nennt als Ursache, warum diese Art Zusammenkünfte von Gott nicht mit Erfolg gekrönt werden, zuerst: dass die Welt schon zu weit heruntergekommen ist und nur Gottes Eingreifen am Jüngsten Tag noch helfen kann und als zweites: dass Gott nicht will, dass mit menschlichen Erwägungen und menschlicher Klugheit so über sein Wort beratschlagt wird. Jedoch kommt dabei nicht selten das Gegenteil der ursprünglichen Absicht heraus. Der Autor sieht als Ideal doch eine ganz andere Einstellung gegenüber dem Wort Gottes: wie unmündige Kinder, die sich ganz ergeben auf Gott allein verlassen.[30] Ziemlich viel Aufmerksamkeit wird auf den Aufrühr der Täufer in Münster verwendet. Beim Erzählen der gespannten Lage, in der dies alles statt fand, kommt der Autor zu folgendem Stossseufzer: 'Ach Got/die ellenden leüt gehn jetz mer dan x jar mit der fantasei umb/und sehen/das in allenthalb fälet/und sy darob zuschandengemacht todt bleiben/noch lassen sy nit von ir torheit/und sehen nit/dz all ir fürnemen wider das zeügknüs der schrifft ist/da den tag des Herren der greüwel an der heyligen statt sitzend finden/und on schwert/nicht sy mit dem schwert stürtzen sollen. Item das Christus klärlich bezeügt/sein reich sei nit von diser welt/und von desz wons wegen die Apostel offt anfert/das sy ein zeitlich reich verhofft/darwider singt die kirch/du Gotloser Herodes du feind Christi/was förchtest dich vor Christo/er fragt nit nach der welt reich/der den himel beherschet/und Christus selbs wil keyn Künig sein'.[31] Darauf folgt die Schilderung dessen, was sich in Münster ereignet hat. Auch die Darstellung eines Aufruhrs in Dänemark gibt Anlass zu dem Schluss, dass es immer töricht ist, Tyrannei mit Tyrannei bekämpfen zu wollen.

1530 hört gegen Ende des Jahres die abnormale Teuerung auf, die zehn Jahre lang das Land bedrückt hat. Am Rande meldet die Chronik: 'Das stündlin bringt alles'. Dies gilt auch für die Zeit der künstlichen Hochkonjunktur. Der Krug geht so lange zum Brunnen, bis er bricht. Gott gebe, dass es nicht mehr lange dauern wird!

Wir kommen zur dritten Chronik. Der Titel lautet: *'Die dritt Chronica der Bäpst und Geystlichen händel/von Petro biss auff Clementem den sibenden ...'*, etc. Das Psalmwort, welches das Titelblatt des ganzen Werkes schmückt, finden wir auch hier wieder. Die historische Reihenfolge verschwand zugunsten einer Einteilung in Rubriken, sodass die acht Bücher, in die diese Chronik unterteilt ist, ein bestimmtes Thema mehrmals wieder von vorne behandeln. Das 8. Buch greift jedoch wieder auf den chronologischen Aufbau zurück: mit der Schilderung der Zeichen des Jüngsten Tages bildet es den Abschluss des gesamten Werkes. Das Vorwort geht auf den spezifischen Charakter dieser Chronik ein: hier tritt das Böse viel subtiler ans Licht. Die Chronik behandelt die geistliche 'Doppelwelt', in der 'der Teufel im Mittag schleicht'. Der Autor der Chronik versucht so objektiv wie möglich allerlei Quellen wiederzugeben. Das Vorwort gibt uns nähere Einsicht in die Gedanken des Verfassers über den Charakter des Glaubens. Das erste Buch behandelt die Päpste. Es fängt an mit Petrus. Ausführlich bespricht die Chronik den Primat des Petrus, wobei allerdings in Frage gestellt wird, ob Petrus je in Rom gewesen ist. Die Schlussfolgerung lautet: dass alles erfunden und erdacht ist, Fabeln der Pfarrherrn und des Antichristen.[32]

Mit achtzehn Argumenten bestreitet der Autor den Primat des Petrus. Bedenken, die gegen diese Argumentation vorgebracht wurden, werden hier wieder einer kritischen Betrachtung unterworfen. Der Autor glaubt, sich von Heiligenbüchern und Legenden lösen zu müssen, weil sie alle 'von Lügen' stinken, wer möchte, kaufe eine Legende oder eine Vita Patrum, das ist alles dasselbe. Das Leben und die Reisen des Jakobus und Paulus werden in der Chronik aufgeführt, auch die Reisen der anderen Apostel.

Verschiedentlich fehlen auch kleine kritische Randbemerkungen nicht. Bei der Erwähnung der Geschichte, dass die zum Himmel gefahrene Maria dem ungläubigen Thomas einen Gürtel gereicht habe: 'Glaubs wer da wöll/ich glaubs nit'.[33] Bei der Reihe der Päpste ergeht vorweg eine scharfe Anklagerede gegen die Institution des Papsttums: vom ürsprunglichen Auftrag des Petrus ist im Papsttum nur noch sehr wenig zu finden. Auf die oft ziemlich trockene Aufzählung der Tatsachen können wir hier nicht näher eingehen. In das Jahr 180 legt die Chronik die Bekehrung Englands.

Heftiger Protest erklingt aber gegen diese massierte Bekehrung die hier stattgefunden hat. Der Glaube ist doch nicht 'yedermans ding'. Christus und seine Apostel haben kaum ein Zehntel der von ihnen besuchten Bevölkerung bekehren können.[34] 858 sass Johannes VII auf dem päpstlichen Thron.

Er soll eine aus England stammende Frau Agnes gewesen sein. Die Geschichte wird dabei dürftig berichtet. Der Autor erwähnt weiter, dass er dies bezweifelt, aber die Tatsache, dass er dieser Geschichte in den Chroniken dreimal begegnete, hat ihn dazu veranlasst, Sie doch zu berichten. Die Folgerung lautet: 'Gott gebe uns Augen zum Sehen!'. Auch das Schisma, das nach der Ernennung von Papst Alexander II (1061-1073) entstand, zeigt wohl deutlich, dass es sich hier nicht um Geistliche handelt, die von Gott in ihr Amt gerufen worden sind. Jetzt aber, so lautet eine Notiz an dieser Stelle, droht eine neue Form des 'Papsttums': ein sektiererischer Schriftdienst. Die Welt muss nun einmal ein Papsttum haben, etwas, das sie für Gott hält, an dem sie hängen möchte.[35]

Worte voller Lob werden Hadrian VI zuteil, der für einen Papst viel zu fromm war. Wie ein Schaf unter Wölfen ist er im Papsttum zurecht gekommen, '... aber auss gnaden Gottes bald hingezuckt/und den wölffen zu fressen vergünnet/auff dz er ewig leb. Das ist dz orläplin des schaffs auss des wolffs rachen erreth/und der yetz erlöschend hingezuckt brand Amos iii. Zach iii. ehe er gar erlösch'.[36]

Das zweite Buch dieser Chronik behandelt die Konzilien. Auch hier geht eine prinzipielle Betrachtung voraus. Weil es jedem frei steht, über Konzilien zu denken, wie er möchte, gibt der Autor seine Meinung zu erkennen; ausser dem ersten Konzil haben diese Zusammenkünfte keine wesentliche Bedeutung gehabt, wie uns die Ergebnisse zeigen. Sie sprachen nicht aus dem Heiligen Geist. Vielmehr gereichten sie wieder einer Gesetzesgläubigkeit zur Ehre. Auch waren die Beschlüsse der Konzilien nicht selten widersprüchlich. Derartig gegensätzlich würde der Heilige Geist doch wohl nicht ans Werk gehen. Gottes Wort hält Stand in Ewigkeit.[37] Viele werden darum lieber von den Conventiculae des Teufels reden. Noch zwei andere Argumenten sprechen gegen die Konzilien. Diejenigen, die gestorben sind, bevor bestimmte Beschlüsse gefasst wurden, sind dadurch ungewollt verdammt und an zweiter Stelle macht das ständige Umändern der Beschlüsse mit dem Versprechen Christi nicht Ernst, dass er uns das wissen liesse, was für uns notwendig ist. Auch der Gesetzes-charakter der Beschlüsse steht doch wohl im Widerspruch zum Heiligen Geist. Bei der Erörterung des Apostelkonzils vermerkt die Chronik, dass eigentlich von einem Konzil kaum die Rede sein kann, da Paulus nach dem Text der Schrift nur Petrus und Jakobus, den Bruder des Herrn traf.

Ein anderer, nicht unwichtiger Unterschied, liegt in der Tatsache, dass es dabei nicht um den Grund des Glaubens ging, sondern um bestimmte zeitweilige Massnahmen für einen besonderen Liebesdienst den Judenchristen gegenüber. Deshalb ist es nicht richtig, spätere Konzile hiermit zu vergleichen. In Bezug auf die sog. dreissig apostolischen Regeln Clemens I gilt die Kritik, dass aus ihnen nur wenig apostolischer Geist spricht. Aber der Leser sollte dies selber beurteilen.[38]

Im Anschluss an das Konzil in Carthago unter Cyprianus folgt eine Abhandlung über die Art und Weise, wie man Ketzer zu behandeln pflegte. Hier erkennt man aber viel zu wenig, dass wir alle nur unvollkommene Menschen sind. Nicht nur Cyprianus, Tertullianus und Origenes, sondern auch Menschen wie Augustin und Hieronymus haben 'offt danebengestochen'. Für uns alle trifft die Bitte zu, dass uns unsere Unwissenheit nicht angerechnet werden möge (psalm 25).[39]

Konzilsbild, aus H. Schedel, *Liber Cronicarum*, Nürnberg 1493. Universitätsbibliothek, Amsterdam.

Scharfe Kritik erhält auch das Konzil von Konstanz, das u.a. Johannes Hus verurteilte. Es wird geradezu ein Satanskonzil genannt, das öffentlich die Wahrheit und das Evangelium verdammt hat.[40] Eine kurze Liste fasst die nicht ausführlich behandelten Konzile zusammen; am Schluss verweist der Autor noch auf andere Bücher der Chronik, die teilweise ähnliche Stoffe behandeln.

Das dritte Buch behandelt die Ketzer. Die ausführliche Einleitung beginnt mit der Bemerkung, dass der Autor sich ausdrücklich distanzieren möchte von dem Urteil, das in der zitierten Chronik öfters ausgesprochen wird. Der Gedanke der Ketzerei wird umgeändert in den Gedanken vom Fremdling in der Welt. Hieraus lässt sich die Folgerung ziehen, dass 'die Christen für die Welt immer Ketzer gewesen sind'. Aus den sich widersprechenden Beurteilungen zeigt sich übrigens deutlich, wie unzuverlässig das Hantieren mit dem Ketzerbegriff ist. Wenn man über den geistlichen Charakter des Evangeliums nachdenkt, muss man eigentlich zum Schluss kommen, dass die Welt überhaupt nicht in Ketzerei verfallen kann. Das biblische Beispiel des Nikodemus zeigt, dass nur ein Christ den christlichen Glauben verstehen kann. Die Welt spricht wohl den Christen nach, aber sie weiss nicht was sie nachspricht.

Darum wird die Schrift auch ein mit Siegeln verschlossenes Buch genannt, und darum spricht Christus auch in Gleichnissen zu den Seinen. Es ist eitele Mühe, die Wahrheit populär machen zu wollen. Plato, Demokrit, Heraklit und andere Philosophen haben auch schon eingesehen, dass es nutzlos ist, jeden die Wahrheit lehren zu wollen. Diese kostbare Perle muss man bewahren, und nicht das Kostbarste vor die Schweine werfen.[41]

Im Verlauf der Auseinandersetzung finden wir auch die Vorstellung, dass Gott die Ketzereien aufkommen liess, da die Lüge in gewissen Sinne eine Probe für die Wahrheit ist. Nachdem sich der Antichrist geraume Zeit des Papsttum bedient hat, zeigt er sich jetzt in anderer Gestalt, nämlich in den toten Buchstaben der Schrift. Diese legen sie nicht nach der Absicht Christi aus, sondern weil sie 'fleischlich' sind, nach toten Buchstaben der Schrift.

Der Buchstabe hat immer Ketzer gezeugt. Gott hat uns die Schrift als Hilfsmittel gegeben, nicht um ihn aus der Mitte zu verstossen und einen Buchstaben statt dessen hinzustellen. Gerade die Tatsache, dass die Schrift so oft in Antithesen spricht, sollte uns daran erinnern, dass wir von der Schrift keinen Abgott machen dürfen.

In alphabetischer Folge passieren dann die Ketzer den Schauplatz. Die Reihe beginnt mit Augustin. Nachdrücklich bemerkt der Verfasser, dass hier nicht das Urteil des Autors gilt, sondern das 'des Papstes, der diese Lehre durch die Bank unverschämt als Ketzerei verurteilt'.[42]

Bei Buchstabe D finden wir auch eine Aufzählung der 'Decreti/und Decretalium Canones/leer und Articel von der Römischen kirchen/yetz nit alleyn nicht gehalten/sunder als ketzerey verdampt'.

Am Schluss dieser Aufzählung finden wir die Bemerkung, dass es eine törichte Argumentation sei, dass die älteren Bestimmungen durch neue ersetzt werden: es ist mit Gesetzen, wie mit dem Wein, je länger sie stehen, desto besser werden sie, desto mehr 'schmecken sie nach dem Geist der Apostel und dem Blut der Kirche, womit die Wahrheit besiegelt wurde'.[43]

Erasmus wird viel Platz eingeräumt, ebenso seinen Gesinnunggenossen. Auch Johannes Hus und Hans Denck bekommen viel Aufmerksamkeit.

Von Luther berichtet ein einleitendes Wort, dass er eine ganz neue Theologie in Deutschland eingeführt hat. Wie Erasmus die Heilige Schrift im Lateinischen wieder entdeckt hat, so Luther im Deutschen. Sechzehn Seiten beschreiben die Theologie Luthers. Nach dieser 'Summa' fügt der Autor nochmals ausdrücklich die Bemerkung an, dass er kein Urteil fällen will. Er weiss, wie er selbst in vielem irrt, und Gott täglich um Vergebung bittet. 'Bitten gehört hieher für einander/und nit verdammen'. Weil der Autor sich 'kein zertrennung auff erden gfallen lass' – (vergleiche die Stelle über den Kirchenbegriff!), will er niemand in eine bestimmte Richtung drängen.

Gut sechs Seiten handeln von den Gedanken Zwinglis, fast achtzehn von den Täufern. Scharfe Kritik fehlt bestimmt nicht, aber in den einführenden Worten ist auch hier das Urteil des Autors äusserst bedachtsam: er hält es für möglich, dass dieser Sekte viele fromme Leute angehörten und noch angehören, auch dass viele von ihren Vorgängern viel Eifer für Gott gekannt haben, aber 'nit nach der kunst'. Man sollte sie aber nicht so tyrannisierend behandeln, und wenn sie nicht zurechtgewiesen werden wollen, sie Gott befehlen, der allein Glauben schenken und Ketzerei tilgen kann.[44]

Wenn ich Papst, Kaiser oder der Türke selbst wäre, so bemerkt der Autor dann, hätte ich bei keiner anderen Gruppe weniger Angst vor Aufruhr. Durch den Buchstabendienst sind die Täufer in Zwietracht geraten: 'Derhalb bitte ich die teüffer/sy wöllen in der wahrheit wandlen/buss thun/frumm und sorgfeltig sein/aber nicht sündern'.[45] Als abschreckendes Beispiel eines zu leicht akzeptierten Führertums schliesst dieser Teil mit einer Erzählung, dass in St. Gallen ein Bruder zum anderen gesagt haben soll: 'kniehe nieder, ich bekam vom Herrn den Befehl, dich zu köpfen'. Dieses lies er folgsam über sich ergehen, und als die Behörde einschritt, sagte der Mann, dass er den Befehl vom Herrn hatte, und man könnte dies sogar mit einer Schriftstelle ausschmücken! Es folgt ein absonderliches Kapitel über die Ketzerei, wir bringen dies ausführlich bei der Behandlung des Kirchenbegriffs zur Sprache.

Das vierte Buch handelt von den Orden innerhalb der römischen Kirche. Die Einführung liefert eine scharfe Gegenrede gegen die Abgeschiedenheit die das Wesentliche des gesamten Ordenswesens ist. Auch darauf kommen wir bei der Besprechung des Kirchenbegriffes noch zurück. In alphabetischer Folge bringt dieses Buch dann eine ziemlich umfangreiche Aufzählung der verschiedenen Orden innerhalb der römischen Kirche. Zum Schluss bemerkt der Autor noch, dass man gut daran täte, das überreichliche Lob auf ironische Weise zu interpretieren. Danach gibt die Chronik noch einen kurzgefassten Überblick der Orden, deren bedeutendste Einzelheiten dem Autor unbekannt sind. Es folgt eine Beschreibung von zwanzig christlichen Glaubensgemeinschaften oder Sekten, die nicht zu den eigentlichen Orden gezählt werden können. Titel und

Untertitel sind merkwürdig genug, um angeführt zu werden: '*zwentzig Christlich glauben/oder zwentzig Sect/alleyn dess eynigen Christlichen glaubens/on alle örden sundere glauben und secten. Der Groszmütter orden/darin die obgeschribnen Sect all verfasst seind/und der die all geboren hat/nämlich der Latiner/oder der Römisch/und des Bapsts Sect/Ord und glaub*'.[46]

Aus dieser 'vielköpfigen' Mutter sind die anderen Denominationen hervorgegangen. Dabei kommen dann die Griechen, die Christen in Indien, Jacobiten, Maroviner, Nestorianer, Moroniter, Armenier, Samaritaner, Mosarabier, Moscoviten, Hussiten, Waldenser, Georgier, Lutheraner, Zwinglianer und Täufer an die Reihe. Keine will sich Sekte nennen, alle halten sich für die wahre Kirche. Statt ein Urteil abzugeben, erklingt die Mahnung, dass jede Gruppe Gott selbst bitten müsse, dass sie sich nur von Ihm belehren lasse. Eine spezielle Gruppe, die noch zur Sprache kommt sind: die fünfzehn Orden, Sekten oder Aberglauben und Ketzerei bei den Juden. Im Fragment 'Von den orden der Juden allen in gemeyn' finden wir ein ungünstiges Bild der Buchstabenmenschen die als Obdachräuber für jeden ein Schade sind. Eine Schlussbetrachtung beendet dieses Buch. Hierin lesen wir, dass Christus nicht gekommen ist, Friede auf Erde zu bringen, und dass die Kirche geläutert werden muss. Es ist nicht an uns, ein frühzeitiges Urteil zu vollstrecken. Die Finsternis, in der viele Sekten nun herum irren, ruft das Bild von Blinden hervor, die, aneinander gebunden, zusammen vergeblich in der Finsternis herumtasten. 'Got versetz uns auss disem wüst in sein liecht/Amen'.[47]

Das fünfte Buch behandelt den Bilderdienst, die Heiligenverehrung und die Messe. Erstens zeigt dieses Kapitel, dass die alte Kirche keinen Bilderdienst gekannt hat. Die Heiligenverehrung lässt sich als Folge der friedvollen Lage erklären, in die die Kirche geraten war. Bis zur Zeit Konstantins war von speziellen Kirchenbauten noch keine Rede. Karl der Grosse bekommt in diesem Zusammenhang den Vorwurf zu hören, dass er nicht ein Vater des Vaterlandes, sondern des Papstes genannt werden müsste. Ein scharfer Vergleich mit dem heidnischen Götzendienst unterstreicht das Ganze. Die Einrichtung der Messe wird an Hand mehrerer Quellen als eine Entartung des Abendmahls beschrieben. Eine zusammenfassende Schlussbetrachtung kommt zur Folgerung, dass die Christen sich noch weiter verirrt haben als die Mohammedaner, die nur einen Gott bekennen. Christus sollte uns doch genug sein. Es weist uns nicht auf Bilder, sondern auf sein Wort.

Das sechste Buch beschäftigt sich mit allerlei abgöttischen Praktiken innerhalb der römischen Kirche. Die Einleitung stellt fest, dass Abgötterei eine allgemeine Erscheinung ist. Die Ursache ist Adams Fall, den wir in unserer Eigenliebe geerbt haben. Der natürliche Mensch lebt aus dieser üblen Erbschaft Adams. In verschiedenen Ländern offenbart sich die Abgötterei auf verschiedene Art und Weise, unter verschiedenen Namen. Durch das Kommen Christi wurden der Abgötterei Grenzen gesetzt. Aber der Teufel sucht immer neue Wege. Jetzt versteckt er sich in der Schrift, die so verschieden erklärt werden kann, dass Augustinus zu der Aussage kommen konnte: 'Ich würde das Evangelium nicht glauben, wenn die Kirche mich nicht dazu veranlasst hätte'. Eine andere Waffe des Teufels war, dass er mit Konstantin der Kirche Frieden schenkte, wodurch die Kirche schnell ins Verderben geriet. Eine weitere Plage war dann die Ketzerei. Das Machtverhältnis zwischen Kirche und Papst kommt auch noch zur Sprache. Am Papst kann man deutlich illustriert sehen, dass der Teufel nicht ohne Grund 'Mille artifex' heisst, er verstand es, den Papst zum vollkommenen Gegenbild Christi zu machen. Das Reich Gottes ist nicht von dieser Welt. Das Reich des Antichristen müht sich ab mit Speisen, Gewändern, Heiligentagen, Fasten, Weihwasser, Weihrauchkesseln, Chorhemden, Glocken, Monstransen, Kirchen und Pilgerfahrten. Die Kirche Christi hat aber kein anderes Kennzeichen, als die Liebe und das Heilige Kreuz, Leiden und Lieben: 'Dabei wird jedermann erkennen, dass ihr meine Jünger seid, so ihr Liebe untereinander habt' (Jo. 13, 35).

Das siebte Buch bespricht das Verhältnis zwischen Päpsten und Konzilien, sowie Pfründe, kirchliche Darlehen und Ablässe. Der Gegenstand, dass auch Konzilien hier nicht helfen können, wird durch das Erwähnen der äusserst unangenehmen Ereignisse während des Konzils in Basel illustriert.

Anlässlich der Reformversuche des Kaisers Sigismund ertönt der Seufzer dass diejenigen, die am notwendigsten reformiert werden müssten, nun selber am Reformieren sind. Es gibt nur eine Reformation, die wirklich Erfolg bringen kann: die des Jüngsten Tages.[48]

Das achte Buch behandelt die Zeichen und Prophezeiungen, die den Jüngsten Tag ankündigen, und bringt eine Betrachtung über den Antichristen und das Ende aller Dinge. Nachdrücklich betont der Autor, dass dies alles im Lichte der Prophezeiungen von Mose, Daniel, Christus und der Apokalypse gesehen werden muss, die alle auf die letzte Zeit gerichtet sind.

Im Kapitel über die Eschatologie kommen wir auf die unzähligen Zeichen zurück, die als Vorboten des Jüngsten Tages genannt werden. Der Autor ist – auf biblischer Basis – in der Schilderung des jüngsten Tages sehr zurückhaltend.

Um nochmals die zusammenhängende Konzeption des ganzen Werkes klar heraus kommen zu lassen, bringen wir hier eine Stelle, die das Werk schliesst: 'Weiter von dem todt/teüfel und hell/anfang und end der welt/haben wir etwas zu anfang der ersten Chronica gesetzt/da hin zurück weiss ich dich. Dann von disen urteylen ist gar eyn wild ungereümpt gauckeln/und schier sovil opinion in Chronicken sein/wie vil schreiber/Darumb weiss ich dich allein inn disen fällen auff die schrift/da du zu allem dem/das zu wissen nötig ist/überig zeügnuss genug hast. Da wirstu finden von der welt end/von zweyerley tod/einen desz fleischs/den alle menschen versüchen müssen/Den andern des geists/vor Got sterben nach der seel/und auss dem buch der lebendigen geschaben werden. Und diss ist der ander todt/der dem leiblichen folgt/allen gottlosen/Und diser tod ist der sünd sold/wie etlich achten/davon Romanorum VI steht/Und dises todts ist Adam vor dem angesicht Gottes/diss tags gestorben/wie ihm der Herr zuvor sagt Genesis am iii: da er asse/ic'.[49]

B. THEOLOGISCHE MERKMALE

Die eschatologische Struktur. Wenn wir versuchen wollen, die Bedeutung der Eschatologie in der Geschichtbibel zu erklären, dann müssen wir auf zwei Aspekte hinweisen; auf die Struktur des Geschichtswerkes und auf mehrere Textstücke, aus denen eine eschatologische Tendenz spricht. Wir betrachten zuerst die Bedeutung der Eschatologie in der Struktur des Werkes.

Der Inhaltsüberblick zeigt uns, dass das Werk in drei Chroniken unterteilt ist, von denen die Dritte, was die Chronologie betrifft, mit der Zweiten parallel läuft. Sie behandelt lediglich ein anderes Gebiet. In der Struktur des Werkes spielt noch eine andere Einteilung eine Rolle: die Einteilung in Zeitabschnitte. Die zweite und dritte Chronik fallen beide in den sechsten Zeitabschnitt, während die dritte Chronik mit einer Betrachtung über den letzten Zeitabschnitt und das Ende aller Dinge schliesst. Durch den grossen Umfang der zweiten Chronik ist die Struktur der Zeitabschnitte scheinbar ganz in den Hintergrund getreten. Es gibt dennoch mehrere Anzeichen, die darauf hinweisen, dass wir doch mit einer eschatologischen Struktur im Aufbau des Werkes zu rechnen haben. Wir sehen folgende:

a. Auf dem Titelblatt des ganzen Werkes steht 'Kumpt her und schauwet die Werck des Herren', Psal. xlvi. lxiiii.
b. Auf dem Titelblatt der zweiten Chronik lesen wir: 'Sie mercken auff das thun des Herren nicht/noch auff die werck seiner hände/darumb werden sy ausgereüt/und nicht erbauwen'. Psalm xxviii.
c. Das Werk beginnt mit einer theologischen Einleitung.
d. Es endet mit einem eschatologischen Kapitel, in dem nachdrücklich auf den Anfang des gesamten Werkes hingewiesen wird. Bischof konstatiert, dass gerade hier Franck seinen eigenen Gedanken reichlich Platz eingeräumt hat.[50]
e. Durch das ganze Werk hindurch finden wir an wichtigen Stellen chronologische Betrachtungen.
f. Gerade die einführenden Erwägungen, die immer gleichsam die Prolegomena zu den zu behandelnden Stoffen sind, enthalten viele Äusserungen von deutlicher eschatologischer Tendenz.

Die Punkte a bis d weisen alle auf eine theologische Struktur im Aufbau des Werkes hin. Eine nähere Kenntnisnahme des Inhalts wird uns zeigen, dass wir hier von einer biblisch-theologischen Struktur reden dürfen. In diesem Zusammenhang möchten wir auf zwei Bemerkungen von Dr. phil. K. Räber in seiner Dissertation *Studien zur Geschichtsbibel Sebastian Francks* hinweisen. Dieser Autor, der in seiner Studie verschiedentlich seine nicht-theologische Darstellungsweise besonders betont hat, kommt doch zu folgendem Ergebnis: 'so wenig er (Franck) duldet, dass man die göttliche Offenbarung auf die Schrift beschränkt, so wenig auch leugnet er die Schrift als die selbstverständliche Norm aller Offenbarung. An ihr misst er alles, und er sucht die Wahrheit, die ihm ausserhalb begegnet, auch in ihr zu finden. Die Bibel ist trotz seiner Abneigung gegen die offizielle christliche Theologie seinem Bewusstsein genau so gegenwärtig wie dem irgendeines Zeitgenossen.[51] Und auch dieses: 'Franck aber weiss das Reich Gottes viel eher stets gegenwärtig, doch im Hintergrund und jenseits der wechselnden Gestalten der irdischen Dinge. Das ist ein Kernstück des Franckschen Spiritualismus: die Vorstellung von einem inneren Reich des Geistes, das in den Herzen aller Guten lebt, ohne dass es Franck jemals einfiele die christliche Eschatologie, wie sie Augustin vertritt, ernstlich zu leugnen'.[52]

Schon beim Verfolgen der Inhaltsübersicht zeigt sich, dass beim Aufbau des Werkes der eschatologische Gesichtspunkt der Anfang und das Ende ist, auch wenn der darin verarbeitete Stoff manchmal in einen viel mehr enzyklopädischen Zusammenhang gestellt ist. Ein näheres Studium des Inhalts zeigt, dass innerhalb des Geschichtswerkes dem keine besondere Aufmerksamkeit gewidmet wird, was man in der kirchlichen Geschichtsschreibung mit dem Ausdruck 'Heilsgeschichte' zu bezeichnen pflegt. Einerseits ist das aus der Tatsache zu erklären, dass der Autor regelmässig auf die Bibel verweist, anderseits steht dies in Zusammenhang mit seinem christologischen Konzept, auf das wir bei der Besprechung der Christologie näher eingehen werden. Für die Bestimmung der Struktur des Werkes ist es von Belang, zu betonen, dass innerhalb dieses Denkens die Funktion von Christus mehr in Zusammenhang mit dem Gericht als mit der Erlösung gesehen wird, die vor allem das Werk des Heiligen Geistes ist. Von grosser Bedeutung ist dabei das nahende Jüngste Gericht, an dem das für alle unwiderrufliche Urteil erkennbar wird. An anderer Stelle hoffen wir zu beweisen, dass ein klarer Zusammenhang besteht zwischen den Ansichten des Autors über die Zueignung des Heils und der eschatologischen Struktur des Werkes. Auch die ständige Wiederholung der chronologischen Betrachtungen fast durch das ganze Werk hindurch bestärkt unsere Vermutung, dass wir den Aufbau des Werkes am besten verstehen, wenn wir dabei dem eschatologischen Moment in der Struktur des Werkes grossen Wert beimessen können.

Vorläufig wollen wir hier erst einmal festhalten, dass es zum ganz Eigentümlichen des Geschichtswerkes gehört, dass wir hier eine Geschichtsschreibung vorfinden, die sich keineswegs beschränkt auf die Kirchengeschichte, ja dass wir kaum von einer Heilsgeschichte im üblichen Sinn reden können. Und dennoch ist diese ganze Geschichte in ein an biblische Einzelheiten angelehntes eschatologisches Schema gestellt. Es ist unseres Erachtens von Bedeutung, dass auch in der Studie von Räber, der sich sicher nicht besonders auf die theologischen Aspekte des Themas gerichtet hat, diese biblischen und eschatologischen Faktoren ausdrücklich erwähnt sind. Damit ist gezeigt, dass wir mit einer einseitig spiritualistischen Interpretation vorsichtig sein müssen. Es hätte unserer Meinung nach noch zur Aufklärung der Einsicht in den Aufbau des Werkes beigetragen, wenn Räber beide Bemerkungen ihrer vollen Bedeutung nach anerkannt hätte. Dann hätte die innere Spannung, die mit der Behauptung dieser Tatsachen gegeben war, näher ausgearbeitet werden müssen. Klarer hätte dann aber auch gezeigt werden müssen, dass die gleiche Spannung zwischen der Einteilung in drei Chroniken und der eschatologisch ausgerichteten Einteilung besteht, die diese gleichsam umfasst.

ESCHATOLOGISCHE TEXTE. Wir möchten nun die eschatologische Tendenz des Werkes anhand verschiedener Stellen, wie sie im Text vorkommen, näher kennenlernen.

Das Vorwort, das das ganze Werk einleitet, beginnt damit, den Wunsch zu äussern, dass der Leser aus der Torheit anderer lernen möge, obwohl der Autor weiss, dass die Welt erst klug wird, nachdem sie das Trojanische Pferd hereingeholt hat. Der Autor sagt das gleiche nochmals mit einem typischen, dem Landleben entnommenen Bild: 'die Welt schliesst den Stall erst dann, wenn die Kuh schon draussen ist'.[53] Wir lassen hier eine Passage aus diesem Vorwort folgen, in der die Betonung der eschatologischen Tendenz sehr deutlich erkennbar ist: 'Weiter sihe auch hierinn/ wie die welt durchauss Gottes fassnachtspil sei/ wie Gott aller unserer anschleg/ sterck/ rhatens und lauffens spott/ wie hinfellig alles sey ... Ich will gern vom platz sein/ dann ich sihe das es mit der welt auss ist/ dz dise alt allerergest ungelassest letzt zeit/ so verrüct und verwegen worden ist/ das sie die oren von der wahrheit zumal hat abgewendt/ gantz unsinnig worden ist/ und nur iren fürgenommen abweg an hin laufft/ wie ein zaumloser schelliger gaul in krieg/ wie der Prophet spricht/ Hiere. viii. und wiwol sie allweg ein böser baum ist gewesen/ so ist er doch nie so voller böser frücht gestanden/ damit sie gleich Gott trutzt/ dz er den in einer eil wirdt und müsz abplaten/ dann allweg wie Gots art ist/ wann ein ding auffs höchst in die ernd kumpt/ und die bossheit zeittig ist/ so muss sie gesamlet/ in das feüer hinunder geworffen werden. Darum sorg ich der welt sey nur für hin mit schreiben/ schreien/ predigen/ ic. weder zu rhaten noch zu helffen/ sie ist schellig in lauff kommen/ und lasst ir nimmer sagen/ biss sie an den Eckstein anlaufft und zu trimmern geet'.[54] Das Vorwort schliesst mit einem Gebet, in dem der Autor die Hoffnung äussert, dass er nicht zuviel aus sich selbst heraus geschrieben hat.

Die ersten Zeitabschnitte, die die erste Chronik bespricht, haben ihrer Einteilung nach biblischen Charakter. Sobald die Chronik an die Belagerung und Zerstörung Jerusalems kommt, hält der Autor es für angebracht eine ermahnende Betrachtung an die Deutschen über den Gebrauch der Geschichte einzufügen. Dabei verfolgt er dann die Linie bis zu seiner eigenen Zeit, die wohl sehr viel Übereinstimmung mit der Zeit Jerusalems kurz vor der Zerstörung zeigt: 'wir werden mit den Einwohnern Jerusalems zugrunde gehen, weil wir uns im gleichen Zustand der Sündhaftigkeit befinden ... will man sich jetzt nicht bekehren, dann hat er sein Schwert schon geschärft, seinen Bogen gespannt und zielt. Gott gebe, dass wir seinem Abschuss zuvorkommen, und aus Schaden klug werden, Amen'.[55]

Von der antiken Kultur wird uns ein Bild gezeichnet, das nach der Charakterisierung Räbers als verklärtes Altertum bezeichnet werden muss, gegen das sich die Gegenwart nur dürftig abhebt.[56] Die erste Chronik schliesst mit einem

Kapitel, in dem der Gegensatz zwischen Vergangenheit und Gegenwart scharf heraus gestellt ist: gegenüber stehen sich die agrarisch bestimmte, arbeitsame Vergangenheit und die von einer künstlichen Hochkonjunktur gesättigte Gegenwart. Die Welt ist eine Räuberhöhle und Mördergrube; der Autor erzählt dies alles zum Zeugnis und zum Gericht. Der Herr will der Welt 'den Garauss machen', dagegen hilft kein Schreiben oder Predigen. Sehr düster endet dieser Abschnitt: 'Es ist in summa alles verlorn mit der welt/sonderlich mit diser ungelassnen letzten/man las sie nur iren weg anhin gehen/es hilfft doch weder crisam noch tauff/biss sy selbs zu trümmern wirt gehn'.[57]

Wir haben schon auf den Text verwiesen, der auf dem Titelblatt der zweiten Chronik zu lesen ist: er verrät deutlich eine eschatologische Tendenz. Der Vergleich am Anfang dieser Chronik, zwischen der Zeit des frühesten Christentums und der eigenen Zeit, veranlasst zur Schlussfolgerung, dass es nun eigentlich klar sein müsste, dass jetzt die Zeiten angebrochen sind, vor denen in 2. Tim. 4 die Rede ist. Auch bei der Besprechung der Kreuzzüge verlängert der Autor die Linie bis zu seiner eigene Zeit, und kommt wieder zum Ergebnis, dass das Jüngste Gericht nun 'in schwanck geht'. Wir haben schon früher darauf hingewiesen, dass auch bei der Beschreibung der Hochzeitsfeste Karls V. der Gedanke durchschimmert, dass wir bei so viel Pracht und Prunk nichts anderes zu erwarten haben als die demütigende Hand Gottes. Der Bauernaufstand gab für derartige Überlegungen genügend Anlass.

Auch der Mangel an Ergebnissen auf dem Reichstag in Augsburg gibt Stoff zum nachdenken: 'Es geht alles kräftig vorwärts in Richtung auf den Jüngsten Tage, die Axt liegt schon an der Wurzel des Baumes, die Strafe hat schon begonnen, aber keiner merkt es, denn die Welt ist mit Blindheit geschlagen... Gott helfe uns, dass wir dies sehen können, es geht schlimm zu, es sind böse Zeiten...'.[58] Die anhaltende Teuerung ist ebenfalls ein unverkennbares Zeichen vom Ende aller Zeiten. Alle Prophezeiungen und Zeichen des Jüngsten Tages weisen mit dem Finger auf diese unsere Zeit. Es gab keine noch gottlosere, noch mehr liderliche Welt als diese letzte 'evangelische' Welt, in der jeder vom Glauben 'singt', während Christus doch das Gegenteil gesagt hat, nämlich, dass er bei seiner Wiederkunft kaum einen Gläubigen finden wird Luc. xviii.[59] Die Chronik endet mit den Worten: 'Es heysst/Steigstu/so kumm ich. Summa wann nit Gott hausshielt/so het es die welt vorlangest verkünstlet/und das liedlin zu hoch angefangen/dz sys nicht mag hinauss singen/wie sy dann zuletzt drob müssen zerbersten/erkeinen/und zerknellen/Gott wölle bald/Amen'.[60]

In der dritten Chronik finden wir das eschatologische Schema wegen des mehr enzyklopädischen Aufbaus weniger klar wieder. In der Einführung gibt der Autor an, dass er in dieser Chronik vor allem die 'Fabel des menschlichen Geschlechts' schildern möchte, damit daraus deutlich werde, wie unbeständig und verlogen der Mensch ist. Ein an mehreren Stellen wiederkehrendes Thema ist der Teufel, der, nachdem er sich anfangs des Papstes bedient hat, nun ein noch viel subtileres Papsttum einrichten will. Dabei verbirgt sich der letzte Antichrist im Buchstaben der Schrift. Von dieser letzten Maske des Teufels,

Zeichen des nahenden Weltendes, aus H. Schedel, *Liber Cronicarum*, Nürnberg 1493. Universitätsbibliothek, Amsterdam.

heisst es dann 'es geet schon tückisch im schwanck'.⁶¹ Ebensowenig konnte es verwundern, dass aus den Reformversuchen Kaiser Sigismunds nichts geworden ist: 'Wenn die Pferde durchgehen, dann hilft weder Spore noch Zügel, weder Zurufen noch Aufhalten. So ergeht es auch der Welt, wie der Prophet Jeremia schon sagte: cap. viii'.⁶²

Das achte Buch nennt folgende Zeichen, die auf das nahende Ende hinweisen: 1. die Welt ist voll falscher Propheten; 2. der Greuel der Zerstörung sitzt auf der heiligen Stätte; 3. Kriegsgeschrei; 4. ein Volk erhebt sich gegen das andere; 5. viele werden um Christi Name willen getötet; 6. ein Bruder tötet den anderen; 7. das geistliche Jerusalem ist von allen Seiten belagert; 8. überall tobt das Volk; 9. die Prediger sprechen: 'Hier ist Christus, im Sakrament'; 10. viele kommen durch den Scharfrichter um; 11. überall ist die Not gross; 12. Erdbeben; 13. neue Plagen; 14. Teuerung; 15. das Evangelium wird überall auf der ganzen Welt gepredigt; 16. die Menschen schaudern aus Angst vor dem, was kommen wird; 17. seltsame Zeichen am Himmelsgewölbe; 18. es herrscht unbestimmte Angst; 19. grosse Überschwemmungen; 20. die Welt lebt in einer wahnsinnigen 'Hochkonjunktur'; 21. allerlei neue Wissenschaften und Künste entstehen; 22. es gibt keinen Glauben mehr auf Erden; 23. viele Sekten; 24. die in Matth. 24 und II. Thess. 2 vorausgesagten Zeichen gehen in Erfüllung; 25. alle Liebe ist erloschen; 26. die Prophezeiung des Paulus vom Antichristen erfüllt sich (Act. 20); 27. der Antichrist sitzt schon im Tempel Gottes; 28. man schenkt den Irrgeistern Aufmerksamkeit; 29. das Verbot zu heiraten und zu speisen wird befolgt, ein sicheres Zeichen für die Ankunft des Jüngsten Tages (Tim. 4); 30. II. Tim. 3 geht in Erfüllung; 31. die nähere Auswirkung von Punkt 30; 32. die Wahrheit wird nicht mehr gehört; 33. das ganze Kapitel II. Petr. 2 geht 'gewaltig im schwanck'; 34. auch die Zweifler aus II. Petr. 3 sind schon da; 35. über das Haus Gottes fällt das Urteil (I. Petr. 4); 36. die viereinhalb Jahre oder die Wochen Daniels nehmen ein Ende. Obwohl der Autor bei der Ausarbeitung der näheren Einzelheiten grösste Schlichtheit bewahrt hat, zeigt er in einer anzahl Bilder, dass kein Zweifel daran besteht, dass die Zeichen auf ein herannahendes endgültiges Ende hinweisen. Wenn auch der Tag in der Bibel nicht genau angegeben wird, so hat man doch etwas wie eine vor-kennzeichnende Phase, wie die Schwangerschaft einer Frau oder das Ausschlagen eines Baumes: 'Also auch wir mögen bey den vorgeenden zeychen erwegen/das er nit fern ist/die der Herr darzu geben hat/dz wir uns richten/frewen/gewiss versehen/und unser häupter auffheben/dann es nahet herbey unser erlösung/ Luce. xxi'.⁶³

Gerade an diesem letzten Zitat sehen wir deutlich, dass die Eschatologie hier nicht im Hinweis auf das sich nähernde Gericht stecken bleibt: an verschiedenen Stellen fehlt auch der andere unerlässliche Aspekt nicht, wo auf die herannahende Erlösung hingewiesen wird. Die sehnsüchtige Ausschau nach der Ankuft des Herrn gibt der Eschatologie in der Geschichtbibel ihren biblischen Charakter, auf den wir schon bei der Besprechung einiger Bemerkungen von Räber hingewiesen haben.

PNEUMATOLOGIE UND CHRISTOLOGIE. Wir wählten für den Titel dieses Abschnittes eine etwas ungebräuchliche Reihenfolge, die eigentlich besser mit dem theologischen Aufbau des Geschichtswerkes übereinstimmt, da auch hier die Pneumatologie besonders stark betont wird. Christologie und Pneumatologie gehören hier eng zusammen. Für unseren Stoff sind wir besonders auf die Stellen angewiesen, die wir früher als Prolegomena zu den verschiedenen Perioden bezeichneten.

Da Franck in seinem Vorwort zum ganzen Werk den Heiligen Geist 'dem Schlüssel zu aller Prophetie' nannte, bringen wir hier zunächst einen ziemlich umfangreichen Text über den Heiligen Geist, den wir am Anfang des Werkes vorfinden. Weil die Wortwahl mit dem Inhalt zusammenhängt, bringen wir den ganzen Text im Original: 'Der heilig geist der vom vatter durch den sun ausgeet/ist nach viler meinung nichts anders dann gottes gnad geist und gunst/ja Gott selb der ein geist ist/und ein H. geist dadurch er/(dz ist durch sich selbst) alle ding aus macht/fertigt/poliert/und die gecreutzigten müseligen Christen befridet/dann was Gott durch Christum hat gerechtfertigt das heiliget er durch den heiligen geist/Gott geüst durch Christum wein in die wunden etzet und creütziget dz müselig fleisch/bricht ab und rechtfertigt was wider in im menschen ist/Durch den heiligen geist aber geüszt er öl in die wunden/heilt/verpündt/heiliget/bauwet was für in ist im menschen. Darumb geet Christus vorher im glauben vor dem heiligen geist/dz alles durch Christum erstlich abgebrochen und wider bracht werden musz das durch Adam gebawet und verwüstet ist/Aber durch den heiligen geist wirdt alles versönet/güttet/angenummen/undergeschleifft/gebawen was durch Christum gecreützigt ist/darüber er der geist Christi heiszt dz er Christo folget das ist alle creützigten beladnen armseligen gewissen. Durch Christum ist Gott erstlich saur und martet das gewissen und fleisch. Durch den heiligen geist ist Gott süsz senfft und stilt das gewissen und geist. Also ist Christus auffs fleisch und der heilig geist (der dem creütz und Christo auff dem füss folget) auff den geist gericht/das also Gott durch Christum und sein heiligen geist alle ding in allem thüt und aussricht/anfahet und volendt/durch Christum schafft Gott/durch sein geist volendt er. Christus ist der anfang/sein geist dz end aller ding'.[64]

Der Anfang dieses Textes lässt eine 'monophysitische' Tendenz erkennen. Die starke Betonung liegt auf der Einheit Gottes, der Geist ist. Der Ausdruck Rechtfertigung wird in einer sehr spezifischen Bedeutung gebraucht: Rechtfertigung ist hier vor allem Vollzug des Gerichts, Christus ist der Scharfrichter. Darauf verweist auch das Bild von Christus, der als ätzender Wein in die Wunde gegossen wird. Der Heilige Geist hat mehr die Funktion der Versöhnung, der Genesung und der Heiligung. Dennoch gehören die Werke Christi und des Heiligen Geistes zusammen: Christus geht voran, aber auch in dem Sinne, dass ohne die reinigende Tat Christi, der Heilige Geist das Versöhnungswerk nicht hätte vollbringen können. In den Worten 'durch Christum ist Gott erstlich sauer', sehen wir nochmals die sehr spezielle Bedeutung, die hier die rechtfertigende Tat Christi bekommt. Auch der Begriff 'Fleisch' hat eine komplexe

Bedeutung. Untrennbar sind hier 'Sünde' und das physische 'Fleisch'. Der Schluss des Textes stellt die rechtfertigende Tat Christi noch in Zusammenhang mit dem Schöpfungswerk Gottes; der Heilige Geist soll dann die Vollendung bringen.

Wenn wir vom Obenstehenden Kenntnis genommen haben, ist es nun interessant, zu überlegen, was Franck zur uralten dogmatischen Frage zu sagen gehabt hätte, der wir auch in der Einleitung des Geschichtswerkes begegnen: 'Ursach warum dz wort fleisch ist worden'.[65]

Die Antwort sieht folgendermassen aus: Christus ist nach dem Geist der Sohn Gottes, nach dem Fleisch ein Nachkomme Abrahams. Christus, der selbst Gott ist, ist in den letzten Zeiten Mensch geworden, weil die Welt so nach aussen gekehrt war, dass sie nichts göttliches mehr aufnam. In der Gestalt Christi werden die Menschen daran erinnert, dass sie nach dem Bilde Gottes erschaffen sind (vgl. Röm. 2). Damit die Menschen Gott nicht mehr ausserhalb seiner Schöpfung und in ihrem Herzen finden sollen, hat Gott sich, wie er es vorher in Steintafeln getan hat, jetzt im Menschen Christus geoffenbart. Gottes Liebe versucht so, den Menschen zu ihm zurück zu bringen. Man kann Gott nicht vorwerfen, dass er auch nur ein einziges Mittel unversucht gelassen hätte.

Mit der Erwähnung von Bibelstellen, wie Röm. 3, 4 und 5 und I. Kor. 15 wird der Gedanke von Christus als dem zweiten Adam erklärt. Auch finden wir hier die Auffassung, dass er, der von keiner Sünde wusste, für uns zur Sünde gemacht worden ist, und so in Christus alles versöhnt wurde (Kol. 1). Danach nimmt der Autor das Thema des Anfangs wieder auf: Gott spricht 'kreatürlich' mit uns, weil die göttliche Liebe und der Funke erloschen waren. Das grobe Licht des Fleisches hatte den göttlichen Verstand so sehr verdüstert, dass Gott nicht mehr durchscheinen konnte. Um der ganzen Welt, die eine Finsternis geworden war, zu helfen, wurde Christus als Sühnopfer gegeben und vom Tode auferweckt. In dieser Schilderung der Bedeutung der Inkarnation treffen wir keine besonders abweichenden Anschauungen an. Dennoch müssen wir beim Lesen der erwähnten Texte mit einer abweichenden Bedeutung des Verhältnisses Geist-Körper rechnen, die neben der traditionellen Anschauung stehen bleibt. Franck lässt öfters verschiedenes einfach nebeneinander stehen.

Das Verhältnis Christus – Heiliger Geist kommt in einer Passage zur Sprache, die eine Analyse der verschiedenen Namen des Heiligen Geistes gibt. 'Der Heilige Geist heisst Finger Gottes, Taube, Wolke, Feuer, Wasser, Honigtau und Öl, womit Gott alles macht und vollendet. Christus ist das Kreuz für das Fleisch, der Heilige Geist die Gnade für den Geist. Durch Christus kreuzigt und rechtfertigt Gott und macht Platz für den Geist, als Gegensatz zum widerspenstigen Fleisch, schafft durch dieses Abbrechen einen Weg und eine leere Stelle für den Geist, ein Reich und ein Gehöft. Durch den Heiligen Geist heilt und begnadigt er den gebrochenen, beladenen, vom Fleisch besiegten und betrübten Geist. Dennoch nimmt man oft den einen statt der anderen, weil die drei Dinge Vater, Wort oder Sohn und Heiliger Geist eins sind, der Substanz nach eine Sache und ein Wesen'.[66] Dieser Text bildet gut mit dem, was wir schon vorher nannten, ein Ganzes: wiederum das Bild der Rechtfertigung in der Bedeutung eines Ab-räumens, Zu-Recht-machens im prägnanten Sinn des Wortes. Der Schluss stellt nochmals die Einheit von Vater, Sohn und Heiligem Geist klar. Wir dürfen hier nicht an eine zu scharfe Trennung des Heilswerkes in historische Phasen denken.

Im Vorwort zum gesamten Werk finden wir eine ziemlich ausführliche Erörterung der Frage, in welchem Sinn eigentlich der Heilige Geist 'der Schlüssel zu aller Prophetie' ist. Der dort geschilderte Gedankengang verläuft folgendermassen: Gläubige wie Ungläubige nehmen die Erfahrung aus dem Lauf der Welt und dem Gang ihres eigenen Lebens. Die Erfahrung der Gottlosen ist aber derart, dass sie die wahre Bedeutung erst erfahren, wenn es zu spät ist. Dann merken sie zu ihrem grossen Schaden, dass das 'stündlin', in dem sie zur Bekehrung hätten kommen können, vorüber ist, und sie nichts anderes erwartet, als das Gericht. Die Gläubigen, die Begnädigten machen ihre Erfahrung, noch bevor das Werk vollbracht ist, noch in der Zeit des Lichts. Franck benutzt auch hier wieder das typische, dem Landleben entnommene Bild: 'der Gottlose möchte den Stall noch schliessen, wenn die Kuh schon fort ist'. Gott zeigt dem Gläubigen seinen Willen und sein Urteil noch bevor das endgültige Gericht angefangen hat.[67] In dieser Betrachtung sehen wir einen wesentlichen Zusammenhang zwischen dem eschatologischen Aufbau des ganzen Werkes und den darin aufgenommenen Gedanken über Christus und den Heiligen Geist.

An dieser Stelle tritt die merkwürdige Originalität dieses theologischen Denkens hervor. Die meisten Darstellungen, die Christus und den Heiligen Geist betreffen, haben, wie Franck sie darstellt, einen traditionellen Hintergrund. Sie haben ihre Wurzel in alten, antiken und mittelalterlichen Ideen, untereinander durch bestimmte religiöse Gefühle verbunden, die der deutschen Mystik entnommen sind. Man merkt immer wieder, wie grosse theologische Gedanken in Francks Hand Kleingeld geworden sind. Die Schärfe der scholastischen Begriffe und das Gewicht der Bemerkungen bei einem Mann wie Luther, entgehen ihm dann auch. Aber nicht dieser Traditionalismus ist das Auffälligste bei Franck. Es ist vielmehr dieser sehr merkwürdige Zusammenhang seiner eschatologische ausgerichteten Geschichtsbetrachtung mit seiner Christologie und Pneumatologie. Christus ist der Richter, den Ungläubigen wird dies, wenn der Jüngste Tag gekommen ist, zu ihrem grossen Schrecken und Staunen – wenn es schon zu spät ist – klar werden. Die Gläubigen können erleichtert durch die Gnade Gottes mit der Erfahrung, die sie jetzt schon haben, Christus als denjenigen betrachten, der das Gericht vollzieht. Aber sie können, weil es noch nicht zu spät ist, ausserdem sehen, wie dieses Gericht, diese Rechtfertigung, die ihr ganzes Leben unter das Gericht stellt, ausserdem die Rechtfertigung vor dem Heiligen Geist ist, der nach dem Wein Balsam auf die Wunde giessen wird. Hier sehen wir einen deutlichen Zusammenhang zwischen der eschatologischen Struktur des ganzen Werkes und dessen Funktionieren im ganz persönlichen Leben des Gläubigen.

Daran schliesst wieder das an, was wir über die persönlichen Konsequenzen dessen erfahren, von dem in der Chronik geschrieben wird: 'Das Notwendigste, worauf man allein achten muss, ist, in allen Dingen das Wort und Werk Gottes zu erkennen. Das ist der beste Weg zu Gottes Kunst und Weisheit. Weiter ist es wichtig, zu verfolgen, was er in der Welt tut und wie er es macht, aber vor allem, was er mit und in Dir angefangen hat. Denn es ist gewiss nicht genug, wenn man das Wort, die Arbeit und den Beruf aller Menschen betrachtet, aber nicht auf den eigenen Beruf achtet, zu dem Gott jeden berufen hat, sondern dies vergisst. Denn es ist von grösserer Bedeutung, dass ein Mensch weiss, was Gott mit ihm tun und zustande bringen möchte, als dass jemand die ganze Welt vergafft. Es ist nämlich nicht genug, wenn jemand weiss, was Gott mit allen Geschöpfen zustande gebracht hat oder noch erreichen wird, während er sich selber nicht zurecht zu finden und vertraut zu machen weiss.[68] Es ist nämlich für jeden Gläubigen von grösster Bedeutung, dass er im eigentlichen Sinn des Wortes 'das Gebot der Stunde' sehen lernt, wodurch er das Gericht Gottes in Christus über diese Welt erkennen kann. Aber weil er eben das Gericht zu erkennen gelernt hat, weiss er zugleich, dass dieses Gericht auch ein Vorbereiten für das vollendende und versöhnende Werk des Heiligen Geistes ist.

Die in diesem Abschnitt geschilderte Auffassung der Rechtfertigung mit der zentralen Bedeutung, die hier Christus als Richter zuerkannt wird, wirft auch ein Licht auf den bei Franck öfters festgestellten 'Pessimismus', demgegenüber dann seine ganze Aktivität und manche weniger 'pessimistisch' klingenden Abschnitten für viele nur aus seinem einigermassen naiven Moralismus und Aktivismus heraus zu erklären sind.[69]

Für Franck stehen Gericht und Hoffnung nicht einander gegenüber, sondern sind wesentlich mit einander verbunden. Darum kann er am Ende seines Vorwortes die Hoffnung äussern, dass, wenn noch ein Funken Licht in den Menschen ist, sie sich mit Hilfe seines Werkes bessern und ein Zeugnis darin finden können. Nicht, dass er der Welt mit nutzloser Lektüre dienen wolle, dafür ist die Zeit, die der Leser hat, viel zu kostbar. Es ist gerade von grösster Bedeutung, dass der Leser durch diese Lektüre die Zeit lernt 'wahr zu nehmen', denn, so schliesst er: 'Ich weiss was ich daraus geleert hab'.[70] Was Franck daraus gelernt hat, finden wir in dem beschrieben, was er in seinem Buch über die Werke Christi und des Heiligen Geistes geschrieben hat.

DER KIRCHENBEGRIFF. In der dogmatischen Einführung zum ganzen Werk fehlt der 'locus de ecclesia'. Dennoch begegnen wir hier und da einigen Passagen, die das Material liefern können, aus dem wir uns ein Bild der Gedanken des Autors über dieses Thema machen können. Die Einleitung zur dritten Chronik beschäftigt sich mit dem Charakter der Glaubensformen, die vom eigentümlichen Charakter des christlichen Glaubens aus betrachtet werden.

'Der Glaube ist nicht auf äusserliche Dinge gegründet und gebaut. Er hat nur Gott zum Gegenstand und sein unsichtbares Wort, auf das er sieht und an dem er hängt. Weil der Glaube Geist ist, müssen auch sein Fundament und sein Objekt geistlich sein, damit etwas Gleichartiges aufeinander fundiert und aufgebaut ist. Doch wenn der Glaube an etwas sichtbares gebunden wäre und die äusserlichen Dinge verstehen und erfassen müsste, dann hätten wir wohl tausend Glaubensartikel und ebenso viele Zeremonien, wie man sie beim Papsttum und anderen Sekten vorfindet. Der wahre Glaube hört nur auf Gott, lernt nur von Gott und sieht nur auf sein unsichtbares Wort, das Christus ist, der heute, gestern und in Ewigkeit ist. Das bezieht sich nicht nur auf das Fleisch Christi, das weggenommen und in den Himmel aufgenommen werden musste, damit die Apostel nicht ewig ungläubig daran festhalten sollen'.[71] Zur Illustration der zuletzt genannten Sätze erwähnt der Text noch, dass Petrus erst dann zum Glauben kam, nachdem er Christus als den Sohn des lebendigen Gottes bekennen konnte, etwas, was er nicht mit dem Auge wahrnehmen konnte, sondern nur mit der Brille des Glaubens.

Eine weitere Ausführung der hier erwähnten Gedanken finden wir in einem Absatz, der sich mit dem Charakter der Ketzerei beschäftigt. Hier heisst es, dass das Christentum keine Sekte, kein Orden, Stand oder Regel genannt werden kann. Allein der freie Glaube ist es, der durch die Liebe wirkt und Früchte bringt. Das neue Testament gibt ja auch kein Gebot der äusserlichen Dinge. Gott will nämlich nicht, dass der Mensch etwas aus Zwang tut, sondern allein als Frucht der Liebe. Denn sobald etwas des Gebotes wegen getan wird, ist es aus mit dem Glauben. In äusserlichen Dingen sind die Christen Freiherrn, nicht unter einem Gebot oder Gesetz, sondern von den Dingen dieser Welt durch das Blut Christi losgekauft. Es ist nun von Bedeutung, wie hier der Begriff Häresie ausgearbeitet wird: 'Darum sind die alle Ketzer, die sich der äusserlichen Dinge wegen, die allein die Liebe ausdrücken sollen und um der Liebe willen geschenkt sind, von der Gemeinde Gottes absondern. Sie lösen die Liebe wegen der Dinge auf, die nur die Liebe bedeuten wollten, die als Symbole der Liebe hingestellt waren. Darum muss man die Kirche eine geistliche, unsichtbare Versammlung sein lassen. Wir glauben ihr, wir sehen sie aber nicht. Sie muss im Geist und Glauben frei bleiben, vom Heiligen Geist und vom Wort regiert werden. Sie soll sich von keinem absondern, ähnlich wie wir in Christus ein Vorbild haben. Aber die Welt ist von ihr getrennt, was sie mit Verdruss geschehen lassen musste, weil die Welt sich von ihr absondert und ihre duldsame Lehre und ihr Leben nicht hören und erleiden möchte. Darum ist die wahre Lehre immer Ketzerei und eine neue Lehre für die Welt gewesen. Aber das unparteiische Evangelium ist von keinem geschieden, es sucht jeden und läuft dem Sünder nach: wenn er nur Geselle sein möchte und sich finden lässt'.[72]

Hier liegt der ganze Nachdruck auf Gottes suchender Liebe. Die äusserlichen Ordnungen sind nichts anderes als Symbole, von der göttlichen Liebe der Welt geschenkt. Die Sünde der Ketzerei besteht vor allem darin, dass sie durch das Verabsolutieren der Hilfsmittel die Liebe verkürzt, der die Hilfsmittel gerade dienen sollten, und der sie allein ihr Existenzrecht zu verdanken haben. Der spiritualistischen Idee vom abgesonderten Einzelnen, der im Besitz des Geistes ist, steht hier radikal entgegengesetzt die Konzeption der Kirche als eine geistliche, von keinem abgesonderte Gemeinschaft, die voller Schmerz zusehen muss, wie sich die Welt von dieser Gemeinschaft, die aus Liebe den Sünder sucht, abwendet. Die Betonung liegt deutlich auf der Katholizität des den Sünder suchenden Evangelismus. Ketzerei ist deshalb vor allem ein Brechen und Trennen der Solidarität mit der in Christus der Welt geschenkten Liebe.

Daran schliesst gut an, dass der Autor sich bei der Besprechung der römischen Orden mit der Waffe der Solidarität gegen diese Ordensbildung, als ganz besonders ketzerische Beschäftigung, richtet. Das sich Abmühen beim Gründen der Orden und menschlicher Einrichtungen ist ein klarer Beweis dafür, dass die Rechtfertigung durch Christus von all diesen Menschen nicht Ernst genommen wird. Alle Orden zusammen sind nichts anderes als eine Teufelsversammlung. Die Begierde nach all diesen Orden ist Menschenwerk, das einen Menschen nicht rechtfertigen kann. Das gilt auch von den Ständen: es ist etwas anderes, was den Menschen zu einem neuen Menschen macht, nicht sein Stand und nicht sein Orden. Der Rechtfertigung durch Christus dient all dies Menschenwerk nicht. Es ist etwas ganz anderes, was den Menschen vor Gott angenehm erscheinen lässt: der Glaube, der Gott alle Dinge überlässt, in denen Gott sich spiegeln kann wie in einem stillen Wasser. Wer sind wir Menschen, dass wir uns Menschen rühmen können und uns aufs Fleisch verlassen? Keiner hat das Recht, sich auf seinen Stand etwas besonderes einzubilden: weder als Bauer, noch als Verheirateter oder Bürger. Der Brief an die Epheser lehrt uns deutlich die Einheit im Glauben. 'Der Christlich glaub ist ein frei ding/an nichts eüsserlichs gebunden. Deszhalb ist es ein kirch im geist versamlet/zerströwet under alle Heyden/das/wer gericht und gerechtigkeit wirckt under allen völckern/der ist selig/wie Petrus spricht/Act X. Nun erfar ich in der wahrheit/das Got die person nit ansieht/sunder in allerlei volcks wer in förcht/und recht thut/der ist ihm angenem'. Allein der Glaube rechtfertigt den Menschen. Wie es dem Feuer zu eigen ist, zu brennen, so ist es dem Glauben zu eigen, Gutes zu tun und den Geboten nach zu leben. Davon dürften die Sekten wohl tausend Meilen weit entfernt sein, weil dort nicht alles aus Liebe, Glauben und Freiheit des Geistes, sondern einer auferlegten Regel wegen geschieht.

'Darumb so bald man ausz dem freien Christenthumb ein reguliert müncherei macht/und dem heyligen geyst ein ordnung fürschreibt/was er zu jeder zeyt reden/thun/lassen/wie/wann/was ein Christ betten soll/wann fasten/wann zum Sacrament gehen/wie sich zu aller zeit halten/ic. so hört es auff ein Christentumb zu sein/und wirt ein lauter Judentumb/orden/sect/und ketzerei darausz. Dann im newen Testament/da der heylig geyst platz meister ist/und die seinen on alle gesatz zu seiner gelegnen zeyt/leyttet/regiert/treibt/lert betten/fasten/thun/und lassen was sy sollen/in eytel freyheit des geysts/ist unnd gilt kein regel oder gesatz... Aber man machs wie man wöll/so muss die welt ein Bapstumb haben/dann sy weyst sunst nit wa auss/oder was sy thun soll'.[73]

Beim Betrachten der Eremiten kommt das Bewusstsein der Solidarität wieder hervor. Wenn Einzelgänger aus einem rein geistlichen Bedürfnis aus der Welt fliehen, um Gottes Nähe zu suchen, dann möchte der Autor kein Urteil darüber

fällen. Steht aber die Absicht dahinter, dass man Gott damit ein wohlgefälliges Werk verrichtet, dann muss man hier allerdings eine Verleugnung der Tat Christi konstatieren (II Petr. 2). 'Denn man verbüsst die Sünde nicht durch Werke, sondern durch ein ganz neues Leben, das dem Glauben entsprungen ist, durch das Blut Christi'. Die Flucht aus der Welt ist wiederum eine äusserliche Sache. Man kann sehr wohl mit den Füssen aus der Welt laufen aber mit dem Herzen doch noch darin sein! Den Christen obliegt die Aufgabe, nicht ausserhalb, sondern in der Welt wie ein Licht zu scheinen. Die Welt braucht die Christen viel zu viel, und zwar aus den folgenden Gründen:
1. damit sie ihr Licht in der Welt scheinen lassen;
2. damit sie lehren und strafen;
3. damit sie helfen, Rat geben und durch ihre Wahrheit der Lüge den Mund stopfen;
4. damit Gott dadurch die Welt überzeugen kann.

Der Christ steht mit seinem Körper mitten in der Welt, der Not, der Sünde, der Krankheit und der Schande aller Menschen. Er übt und zeigt seinen Glauben durch die Liebe dem Freund und dem Feind gegenüber. Man kann überall fromm und schlecht sein. Das sehen wir am Beispiel Lots, der in Sodom fromm war, aber in der Wüste zu Fall kam und am Beispiel Adams, der im Paradies ohne irgendein Vorbild zu Fall kam und in der Welt ein Büsser und fromm wurde. Wer Ritter werden möchte, muss unter den Feinden wohnen. Mit diesem Grundsatz kann man alle Orden beurteilen.[74]

Am Ende dieses Buches weisst der Autor auf die Gefahr hin, dass das Streben nach allerlei Ordnungen auch untrennbar mit dem Gedanken an eine friedvolle Kirche verbunden ist, die sich in der Welt zuhause fühlt. 'Darumb eifern vil thorecht zu unsern zeiten umb das hausz Gottes/die gern ein grosse kirchen/ und ein Mosaisch/burgerlich Evangelium auffrichteten/das wir alle Christen/ und im glauben eynhellig weren/Welchs wol gut wer/wa der glaub müllers brot/ yedermans ding/und der teüfel nit auch sein kirchen het...'.[75]

Der Glaube muss geprüft werden, und für die wahre Kirche gilt erst recht das 'crescit sub pondere palma'. Es herrscht unnötige Besorgnis über das mögliche Böse, das die Ketzer anrichten können. Uns steht es nämlich nicht zu, ein vorschnelles Urteil zu fällen. Der wahre Glaube soll sich in seiner Kraft beweisen. Die Finsternis, in der viele Sekten heutzutage herumirren, erinnert an das Bild der Blinden, die aneinander gebunden, vergeblich in dem Finsternis herumtasten.

Die Bemerkungen über den Kirchenbau, denen wir begegnen, stehen nicht ohne Zusammenhang zum Vorhergehenden. Im Buch 'gegen die Bilder', kommt auch der Kirchenbau zur Sprache.[76] Bis zu Konstantin dem Grossen, so konstatiert der Autor, hatten die Christen nur 'kleyne liederliche bettheusslin', die 'humiles conventiculae' genannt wurden. Galerus Maximinus erlaubte als erster den Christen Gebetshäuser zu bauen, die man Dominica nannte, was auf Dominus verweist, dem Herrn geweiht. Der alte Ausdruck Dom ist deshalb in jedem Fall z.B. der Bezeichnung Sankt Peters Münster vorzuziehen.

In diesem Zusammenhang müssen auch einige Absätze, die das Abendmahl erwähnen, besprochen werden. Auf der Grundlage der Darstellung, die Bullinger entnommen ist, erzählt der Chronikschreiber, wie in der ältesten christlichen Gemeinde das Abendmahl gefeiert wurde. Man kam zusammen, um für alles, was die Gemeinde betraf, zu beten. Weiter las man aus der Schrift vor und legte eine Bibelstelle aus, wie sie I. Kor. 14 angegeben ist. Dann überlegte man welche Verfehlungen vorlagen und verbannte das unheilbar Böse, wie in Acta 4. Als Zeichen vollkommener Einheit wurde dann das Brot des Herrn gebrochen, womit zugleich ein Glaubenszeugnis abgelegt wurde. Man dankte Gott und pflanzte sich so in den Leib der Kirche. Nach dem Vorbild von Erasmus führt der Autor Punkte an, auf die es bei der Feier des Abendmahls ankommt:

1. Das Abendmahl ist Ausdruck der evangelischen Lehre.
2. Dabei steht die Bruderliebe, die alle Dinge gemeinschaftlich erledigt, im Mittelpunkt.
3. Das Abendmahl ist das Kennzeichen der christlichen Gemeinschaft (stellt die 'heylige losung und kreid des Christlichen bunds').
4. Das Gebet für alle (II. Tim. 2), nimmt eine zentrale Stellung ein.

Immer wieder liegt bei der Beschreibung der ersten Gemeinde die ganze Betonung auf der brüderlichen Gemeinschaft.[77] Ja, jeder Privatbesitz ist eigentlich ein Abweichen von dieser brüderlichen Gemeinschaft. Aus menschlichem, nicht aus göttlichem Recht wird gesagt: 'das Dorf ist mir' (Augustin). Noch bei Ignatius und Irenaeus lag die Bedeutung des Abendmahls vor allem in der Einheit: das Brot des Herrn war ein Pfand, ein Erkennungszeichen der Einheit und Liebe, das sie den Gästen ihres Glaubens reichten, wenn die Brüder sie besuchten, wie bei Euseb Irenaeus an den Bischof Victor in Rom schreibt.[78] Obwohl auch damals schon beim Abendmahl verschiedene Bräuche üblich waren, veranlasste das noch keine Zwietracht: 'man hat immer Friede mit den anderen Kirchen gehabt und diejenigen, die zu ihnen kamen, freundlich empfangen und sie mit dem Austeilen des Brotes des Herrn freundlich aufgenommen'. Bis Tertullian hat man keine andere Auffassung des Abendmahls gehabt als die Apostel, nämlich, dass man beim Brot seine Gemeinschaft in allen Dingen, Lobpreis und Dank an Gott zu erkennen gegeben hat. Beissende Kritik ertönt, wenn die Frage zur Diskussion gestellt wird, was bei der Messe vom ursprünglichen Gottesdienst übrig geblieben ist. Um die markante Terminologie zu zeigen, bringen wir hier den ursprünglichen Text: 'Wa ist die Prophecei? Man hört wol vil heülen und plerren in der kirchen/niemant legt es auss nach ordnung Pauli I Cor xiiii. Wo ist das offen gemeyn opffer des gebets? Alles wirt es auff ein Pfaffen geschoben. Wa seind die Collect? Ich hör wol den namen/ich sihe aber keyn barmhertzig fertig hand. Gaben bringt man zum altar allein den pfaffen. Wo ist das Nachtmal? Wa ist gemeynschafft aller ding? Eynen findt man ob altar stehen scharmützlen/der isst mit ihm selbs/und sitzt alleyn mit grossem geschrey ob tisch. Niemant glat lasst er mit im trincken. Wo ist der Christen bund und blübnüs? Alles wirt es auff ein gauckler gewendt/des Mess so gleich des herren abentmal sicht/als ein wolsack einem pfeil'.[79] Auch einen Ausspruch Augustins zitiert der Autor, in dem das Abendmahl 'eine Übung und Praxis' genannt wird, 'bei der die Christen in die Einheit des Geistes in einen Körper und ein Brot, im reinen Gebet, Lob und Dank bei diesem Erkennungs- und Gedenkzeichen des Gnadenbrotes einverleibt werden'.[80] Sonderbar ist auch, was der Autor im Buch über die Abgötterei zu erzählen weiss. Zuerst schildert er, wie es in den Jahrhunderten vor Christus die menschliche Eigenliebe gewesen ist, die die Abgötterei in immer wechselnden Formen hervortreten liess. Es kam ein Neuanfang mit der Ankunft Christi, der sich als Gesalbter des Herrn herabliess, unseren Bettelrock anzuziehen. Doch versucht auch danach noch das Böse immer wieder neue Angriffe: durch Verfolgungen, durch Streit über das Gesetz, durch Wissbegierde und wenn dies alles nichts nützte, durch ein anscheinend sehr sonderbares Mittel, nämlich, durch die Kirche Frieden zu stiften: 'Wenn alles nichts nützen wollte, gedachte der Teufel, der Kirche Frieden zu schenken und Papst zu werden. Dem Kaiser Konstantin gab er im Schlaf ein, als er gegen den Tyrannen Maxentius kämpfen musste, dass er im Zeichen des Kreuzes siegen sollte'. Kurz nach diesem Sieg folgt die Erlaubnis, Kirchen zu bauen und das Evangelium öffentlich zu predigen: 'Dann begann das Verderben der Kirche, wie ein Eisen, dass unbenutzt im Boden verrostet'.[81]

Wir fassen zusammen: Die Kirche ist eine geistliche, unsichtbare Gemeinschaft. Sie lebt aus der Rechtfertigung durch Christus, der mit seiner Liebe alle Verlorenen sucht. Die Kirche ist eigentlich eine Abendmahlsgemeinschaft in dem Sinne, dass das Abendmahl vor allem ein Symbol der evangelischen Bruderliebe ist, in der besonders das Gebet einen wichtigen Platz einnimmt. Aus der Rechtfertigung durch den Glauben entsteht eine neue Lebensweise, von der die Welt sich abwendet. Diese Häresie, in der Bedeutung des Abwendens vom angebotenen Heil, muss die Kirche wehmütig zulassen. Aber für den Christen ist die Solidarität mit der Welt geboten. Er muss in der Welt ein Vorbild sein, Hilfe leisten und Zeugnis ablegen. Jedes Streben nach den in der ganzen Welt gleichartigen Machtpositionen oder das Nacheifern nach einem für alle Welt gleichförmigen Frieden bedroht die Gemeinde als Verspiessbürgerlichung des Evangeliums. Totale Gleichförmigkeit macht die Kirche kraftlos wie rostendes Eisen. Die Kirche sei nach innen wie nach aussen: Humilis conventicula.

C. THEOLOGISCHE BEURTEILUNG

Am schluss seiner Studie über die Geschichtbibel kommt Räber zu folgendem Ergebnis: 'Seine Geschichtsschreibung ist ein Abräumen, ein Wegreissen und Wegwerfen all der vielen Dinge, damit das Eine hervorscheine, das Wahre und Eigentliche, das er dahinter verborgen glaubt, von dem er leidenschaftlich meint, es müsse sich rein darstellen, gestaltlos, von aller sinnlichen Bedingung gelöst.[82]

Dieses Ergebnis bekommt theologische Tiefe, wenn wir uns bewusst sind,

Stadtansicht Ulm aus H. Schedel, *Liber Cronicarum*, Nürnberg 1493. Universitätsbibliothek, Amsterdam.

dass in den Erörterungen der Funktion Christi Franck davon sprechen konnte, dass Gott durch Christus 'abräumet',[83] um dem Heiligen Geist einen Ort, ein Reich und Hauptstadt einzurichten. Was sich der Konzeption nach vollzieht, die wir in der Geschichtbibel dargelegt finden, ist in der Tat ein Wegräumen. Die Geschichte steht unter dem Gericht Gottes, Christus wird in der Geschichte in erster Linie als der sichtbar, der sein Gerichtsurteil aussprechen wird. Darum wird diese Geschichte auch, nach einem Hinweis im Werk selbst 'zum Gericht und zum Zeugnis' erzählt.[84]

Im Geschichtsbild der Geschichtbibel steht die Eschatologie im Mittelpunkt, nicht nur formal, sondern auch materiell. Der Gang auf das Eschaton zu bestimmt das ganze Bild, Christus muss zuerst seine richterliche Funktion erfüllen, dann kann das Reich des Geistes anbrechen, in dem Gottes Versöhnungswerk deutlich sichtbar werden wird. Die Motivationen zum Schreiben der Geschichtbibel sind nach den eigenen Äusserungen des Autors, gerade die eschatologische Bestimmung der Geschichte und darin das entscheidende Moment, der eigenen Zeit. Diese Geschichtbibel ist nicht ein vom eigenen Enthusiasmus inspiriertes Stück Literatur, sie ist eine theologische Angelegenheit von höchstem Interesse: der Autor vertraut das Werk dann auch Gott in einem ernsten Gebet an, damit es ganz der Ausbreitung des Reiches Gottes dienstbar sein möge. Franck bezeugt wiederholt die religiöse Absicht, die er mit diesem Werk verfolgt. Er distanziert sich dann auch ausdrücklich von dem Gedanken, dass sein Werk nichts anderes als eine Sammlung interessanter Lektüre wäre, die den Leser auf angenehme Weise beschäftigen könnte.

Dafür ist die (eschatologisch bestimmte) Zeit jedoch viel zu kostbar. In dieser abschliessenden Zeitwende wollte der Autor seine Leser nicht daran gehindert haben, das zu sehen, was jetzt allein von höchsten Interesse ist.[85] Von den eschatologischen Ereignissen kann man bei Franck nicht in jedem Fall sagen, dass sie 'ihre weisende, aufrichtende und kritische Bedeutung verloren haben für alle jene Tage, die man hier diesseits des Endes in der Geschichte zubrachte'.[86]

In grossen Züge finden wir in der Geschichtbibel ungefähr das folgende Bild der Geschichte: Gott hat Mensch und Welt so erschaffen, dass sie ihn aus seiner Schöpfung und in ihrem Herzen erkennen sollen. Durch die Sünde Adams ist die Menschheit in zunehmendem Masse egozentrischer Abgötterei verfallen. Aber Gott kam dem Menschen zu Hilfe: zuerst durch seine Gesetzgebung, später durch das Kommen Christi. Nun kann niemand mehr sagen, dass Gott irgend ein Mittel unversucht gelassen hätte, um den Menschen von seiner Liebe zu überzeugen. Alle Zeichen, Sakramente und Symbole sind nichts anderes als Hilfsmittel, die von Gottes Liebe zeugen sollen, die alle Menschen sucht. Die Welt kehrt sich aber davon ab. Das ist ihre fundamentale Sünde und Ketzerei. Es ist nun die Funktion Christi, zuallererst diese Sünde zu tilgen und zu kreuzigen. Danach tröstet Gott durch den Heiligen Geist das zu-Recht-gestellte Gewissen und versöhnt und vollendet alles durch seinen Geist bei der Ankunft seines Reiches.[87]

Für den einzelnen Gläubigen bedeutet das, dass es für ihn von grösstem Belang ist, dass er das gerichtet-Sein der Welt zu sehen lernt. Ebenso, dass er Christus als den erkennt, der die Rechtfertigung, das Gericht vollziehen würde. Aber dabei ist von wesentlicher Bedeutung, dass er dies alles sieht, bevor das 'Stündlin' vorbei ist, das heisst, bevor das schnell nahende eschatologische Ende da sein wird, an dem an allen Unbekehrten das unwiderrufliche Urteil vollzogen wird. Der Gläubige, der es noch rechtzeitig erkennt, soll der Bitterkeit des Gerichtes auch nicht entgehen, aber er wird sogleich die Rechtfertigung erfahren, als den potentiellen Anfang der Wirkung von Gottes Heiligem Geist, der dann in ihm das versöhnende Werk beginnt.

Das Studium dieser Chronik hat für den Leser keine Bedeutung, solange er sich nicht bewusst ist, dass er danach trachten muss, zu verstehen, was Gott in dieser bestimmten Situation, in der er lebt, mit ihm vor hat. Wenn er das begreift, wird er die Freude der versöhnenden Wirkung von Gottes Geist erfahren neben der Bitterkeit der scharfen Sicht, wie es mit dem eigenen Leben und mit der Welt steht. Hier klingt eine merkwürdige Akzentuierung des Gegensatzes Fleisch-Geist durch, der aber von untergeordneter Bedeutung ist. Die Abschnitte, in denen die Wonne über ein derartiges im Geist-verbunden-Sein mit Gott bezeugt wird, wollen wir nicht als selbstständigen Spiritualismus interpretieren, sondern meinen wir im Ganzen dieses Gedankenganges besser als eine Art 'realised eschatology' qualifizieren zu können.

Wenn die Geschichte, nach einer Definition Huizingas, 'die geistige Form' ist, 'in der sich eine Kultur Rechenschaft ihrer Vergangenheit gibt',[88] dann kann man die Geschichtbibel nach dem Masstab dieser Definition bestimmt ein Geschichtswerk nennen. Auch eine Auffassung der Geschichte, die ihren Gehalt mehr in der Kategorie der Zukunft sucht, kann in der Geschichtbibel verschiedene wichtige Aspekte antreffen. Wohl bleiben bestimmte Aspekte des reformatorischen Denkens im Hintergrund, auf die wir später noch zurückkommen werden, aber einige, anderswo vernachlässigte Bereiche kommen hier besser zu ihrem Recht. Wir denken hier mehr als an eine völlig ausgearbeitete theologische Eschatologie, an die eschatologische Stimmung, die sicher zu den bedeutenden Faktoren der Reformationszeit gehört hat.

Von altersher lebende spiritualistische Gedankengänge bekommen eine Chance, sich geltend zu machen, ebenso eine sehr bestimmt gefärbte Christologie, in der der Nachdruck auf der Rechtfertigung als zu-Recht-Stellung liegt.

Diese Denkweise handhabt ausdrücklich die Einheit im Gottesbegriff. Wohl kennt sie den Unterschied der Funktionen von Vater, Sohn und Heiligem Geist, aber dies nicht auf Kosten der Einheit. Das Werk atmet auch universalistischen Geist, der u.a. aus einer bestimmten Sympathie für Texte aus Timotheus deutlich wird, in denen von der Universalität der Offenbarung gesprochen wird. In der Geschichtbibel bekommen alle Völker ihren Platz, während es mit dem Blick auf die darin verarbeitete Theologie kein Zufall ist, dass das Werk doch Geschichtbibel genannt wurde.

Meinhold hat darauf hingewiesen, dass mit dem Ausdruck 'Geschichtbibel' ein neuer historiographischer Begriff eingeführt wurde.[89] Es ist leicht zu erkennen, dass hier die Gefahr nahe liegt, die Moltmann als typische Verführung der Bundestheologie signalisiert hat, nämlich: 'ihre Verführung ist darin zu sehen, dass sie die eschatologische Progressivität der Heilsgeschichte aus anderen "Zeichen der Zeit" als aus Kreuz und Auferstehung in Erfahrung zu bringen suchte: aus einem apokalyptisch gedeuteten Verfall der Kirche und dem Altern der Welt'.[90]

Die Christologie hat einige ungebräuchliche Aspekte. Starke Betonung liegt auf dem Gericht, während das Versöhnungswerk vor allem die Aufgabe des Heiligen Geistes zu sein scheint. Wir begegnen einer nüchternen Darstellung des Lebens Christi; es ist einer weltlichen Struktur angepasst. Das wird u.a. aus der Stellung am Ende der Liste der jüdischen Hohenpriester deutlich. Die Darstellung des Lebens, des Leidens und der Auferstehung Christi bleibt verschwommen. Es ist schwierig, hier von einer 'heilshistorischen Periode' im üblichen Sinn des Wortes zu reden. Die Chronik übt an allen Kritik, die zu sehr bei der leiblichen Erscheinung Christi stehenbleiben. In seinem erdischen Sein gibt Christus mehr das Ende der Schöpfungsordnungen zu erkennen, als den Beginn von Gottes versöhnendem Geist. Christi Herrschaft auf Erden ist eine in Niedrigkeit, im Zeichen des Kreuzes. Seine Wanderung auf Erden und sein Leiden sind nichts anderes als das Ausbrennen der Wunde, die der menschliche Egoismus in der Schöpfung hat entstehen lassen. Der Sieg Christi wird schon im Spiritualismus der 'realised eschatology' deutlich und wird volkommen sichtbar werden, wenn am Ende der Zeiten deutlich wird, dass Christi richtende Funktion lediglich die Einleitung zu Gottes versöhnenden Werk war. Die Geschichtbibel ist übrigens bei der Besprechung jener Stelle zurückhaltend, die Christus am Ende der Zeiten einnehmen wird.

In der Christologie herrscht das Verständnis des Gerichtes vor, während die Versöhnung gleichsam zum eschatologischen Ende verzogen ist. In der Christologie bleibt eine merkwürdige Lücke zwischen der rechtfertigenden Aufgabe Christi – dem Wegräumen, zu-Recht-Stellen – und der versöhnenden Wirkung des Heiligen Geistes.

Wohl war die Sprache davon, dass Christus dem Heiligen Geist einen 'Lagerplatz' bereitet. Aber gerade hierdurch fehlt dieser Konzeption das Bewusstsein der Gestalt des Niedrigen, die Sicht vor den Augen der Gläubigen der ganz eigentümlichen Gestalt des Gerichteten, der erniedrigt und gerichtet, aber deswegen nicht ohne ganz spezifische Gestalt ist. Der Glaube findet, nach Francks Auffassung, seine Grund im 'unsichtbaren' Wort, 'das, welches Christus ist'.[91] An diesem Punkt rächt sich nun gerade, dass undeutlich bleibt, inwiefern hier 'unsichtbar' vom Gegensatz Leib-Geist und der Unsichtbarkeit der Erniedrigten und Gerichteten her bestimmt wird. Es ist ein ernster Mangel dieses Denkens, dass es durch die Vertrübung mit dem spiritualistischen Gegensatz Leib-Geist kein Auge für die eigentümliche Gestalt des Leidens für den Gläubigen hat. Dieser Mangel wird sich bei der Ausarbeitung der Formen der kirchlichen Gemeinschaft bedenklich rächen: wir werden später sehen, dass der Kirchenbegriff zwischen den möglichen Interpretationen von 'unsichtbar' in der Schwebe bleibt und dadurch äusserst schwach wird.

Die Bedeutung der Christologie für das persönliche Glaubensleben ist etwas grösser: Es ist für dieses persönliche Leben immer von sehr entscheidender Bedeutung, ob der Gläubige, bevor das 'Stündlin' vorbei ist, verstanden hat, dass im Kreuz Christi ein Gericht über sein eigenes Leben ausgesprochen ist, ein Gericht, von den aller weltliche Bestand gezeichnet ist.

Wer dieses Gericht zu erkennen gelernt hat, steht anders in der Welt: in Solidarität mit dem leidenden und verachteten Herrn. Ein wichtiger Aspekt der Geschichtbibel ist, dass beim Nachdenken über die Glaubensgemeinschaft so grosser Nachdruck auf das Gemeinschaftsmoment in der Abendmahlsfeier fällt. Das Abendmahl ist das Erkennungszeichen der Glaubensgemeinschaft und zugleich das Friedensangebot an alle, die als Gäste des Glaubens, hiermit Bekanntschaft machen wollen. Es ist der bündige Ausdruck der ganzen Lehre, die zugleich sehr stark gemeinschaftsformend und so universal ist, dass das Gebet für alle dabei ein wesentliches Moment sein muss. Das sind belangreiche Aspekte, die anderswo durch die Kontroversen über die Abendsmahlslehre meistens bedenklich in den Hintergrund geraten sind. Dort kam das Lehr-Moment einseitig isoliert nach vorne, auf Kosten des gemeinschaftsformenden Charakters der Abendmahlsfeier. Es gibt mehr derartig wertvoller Ideen, die Material für ein interessantes Kirchenverständnis enthalten.

Dies ist lediglich in der Geschichtbibel nicht zu einem schlüssigen Ganzen verarbeitet, mit der Folge einiger prinzipieller Lücken, auf die wir später noch eingehen müssen. Im übereinstimmung mit dem, was die Christologie vom Gerichtet-Sein dieser Welt lehrte, stellt die Chronik die kirchlichen Gemeinschaften idealiter als 'humiles conventiculae' dar. Dies ist ein Ausgangspunkt, von dem aus fortdauernd Kritik gegen jede unzulässige Verschmelzung von Glaubensgemeinschaft und weltlicher Organisation möglich ist.

Die richtende Funktion Christi steht im Mittelpunkt und dies liefert den Gesichtspunkt, von dem aus an jeder Machtentfaltung kirchlicher Gemeinschaften radikale Kritik geliefert werden kann und muss. Diese Kritik bleibt dann auch nicht aus und wurde angewandt auf die für die Kirche verhängnisvolle Bekehrung Konstantins des Grossen, auf die Vermengung von weltlicher und geistlicher Macht im Landeskirchentum, auf den Machtaspekt in den Beschlüssen der oekumenischen Versammlungen, Reichstage und Disputationen, die mit Hilfe eines starken Armes einer kirchlichen Meinung Macht verleihen mussten.

Aus denselben Gründen müssen Bedenken gegen das Sich-Absondern und Ordinieren erhoben werden, weil in jeder Ordination ein Moment des Bedürfnisses menschlicher Machtentfaltung mitsprechen wird. Durch diese Ordination und Abgeschiedenheit macht man aus den Hilfsmitteln, derer sich Gottes Liebe bedienen wollte, wieder Selbständigkeiten, die der Katholizität der Liebe Gottes, die jeden Mensch sucht, im Wege stehen.

Gerade gegenüber der unumwundenen Kritik bezüglich aller menschlichen

Versuche der Machtentfaltung ist die Betonung der Katholizität von Gottes suchender Liebe von Bedeutung.

Im theologischen Denken, dem wir hier nachgehen, sind zwei Faktoren, die zusammen ein intensives Plädoyer für die Solidarität des Gläubigen mit der unter dem Gericht stehenden Welt ergeben: An erster Stelle die Katholizität der Liebe Gottes, die allen gilt: die Liebe, die dem Sünder nachläuft und weiss, dass das Evangelium schliesslich für alle bestimmt ist. An zweiter Stelle ein Wissen der Verbundenheit im Stehen unter dem Gericht, von Franck vorzugsweise mit den Psalmwort: 'omnis homo mendax' ausgedrückt. Mit glühendem Eifer verteidigt er die Auffassung, dass, wer Ritter werden will, unter den Feinden wohnen muss. Wo davon die Sprache ist, finden wir Momente die sich stark dem modernen Verständnis der Diesseitigkeit im christlichen Glauben nähern, wie wir ihr in der Theologie des 20. Jahrhunderts begegnen werden. Wir denken an eine Passage aus Bonhoeffers *Widerstand und Ergebung*: 'Gott ist mitten in unserem Leben jenseitig. Die Kirche steht nicht dort, wo das menschliche Vermögen versagt, an den Grenzen, sondern mitten im Dorf'.

Es ist tatsächlich merkwürdig, dass, wenn wir den Gründen nachgehen, warum die Welt die Christen so nötig hat, die Solidarität des miteinander unter dem Gericht Stehens keine Gestalt bekommt. Hier tritt deutlich an den Tag was wir bei der Besprechung der Christologie schon andeuteten, dass es für die Formgebung der kirchlichen Gemeinschaft verhängnisvoll wurde, dass in diesem Denken die Begriffe 'unsichtbar' und 'vor der Welt verborgen' nicht vollkommen auseinander gehalten wurden. Wir finden dann auch keine nähere Andeutung, wie sich die Abendmahlsgemeinschaft in der Welt verhalten muss und ihre Form finden wird. Diese Lücke führt zusammen mit einem spiritualistischen Misstrauen gegen jegliche Formgebung zu einer praktischen Lebenshaltung, die sich in keiner kirchlichen Gemeinschaft mehr heimisch fühlen wird: 'Wer nun in Gottes Reich will gahn, der flieh davon, nach Christo soll er trachten'.[92]

Und das noch, obwohl dieser Gläubige sehr gut weiss, dass es im Streit mit der Katholizität der Liebe Gottes steht und eine Aufhebung der Solidarität mit der Welt bedeutet, 'davon zu fliehen!'. Wer Ritter werden will, muss immer unter den Feinden wohnen.

Von dieser Theologie aus, die wir in der Geschichtbibel dargestellt finden, gibt es verschiedene Entwicklunglinien zu späteren Strömungen im theologischen Denken. Der universale Aspekt, dem wir zugleich begegnen, führt uns in die Richtung des Deismus, wir können auch eine empfundene Oekumenizität erwähnen, der wir später im Pietismus begegnen werden, bestimmte Interpretationen der Geschichte schliessen sich an die Bundestheologie an, während uns verschiedene Fragmente an Bonhoeffer und die Theologie der Hoffnung erinnern.

Meinhold konnte dann auch von einer Konzeption sprechen, die zu 'ungeheuren Fernwirkungen' führen wird.

Eine merkwürdige Parallele mit dem Denken Sebastian Francks finden wir in der japanischen niederkirchlichen Bewegung Kanzo Utschimuras (gest. 1920). Dr. Itsue Hagiwara schrieb hierüber eine Dissertation *'No-Church Movement'*,

Ein Vergleich des Kirchenbegriffs von Sebastian Franck und Kanzo Utschimura. Als Prediger des freikirchlichen Christentums mit starker Verbundenheit mit der japanischen Kultur verstand es Kanzo Utschimura in Japan grossen Einfluss auszuüben. Niemand geringeres als Emil Brunner bekundete dies: 'Die protestantische Kirche wird durch Umbildung der Kircheninstitution im Sinne wahrer brüderlicher Gemeinschaft aus dem Glauben weiterbestehen können. Dazu ist mir bis jetzt kein besseres Beispiel bekannt geworden, als das der Mukyokai Bewegung Japans. So aber bekommt diese nicht nur Bedeutung für Japan, sondern für die ganze Welt'.[93]

Verschiedene belangreiche Aspekte der Geschichtbibel, die durch die einseitige Kritik der Reformatoren nicht ans Licht gekommen sind, können möglicherweise aus der Geschichte Bausteine für die sich in unseren Tagen vollziehende theologische und kirchliche Wiederorientierung liefern.

Wir finden hier das Verhältnis Gesetz und Evangelium reiner dargestellt, als bei den Reformatoren. In jedem Fall kommen die Universalität des Evangeliums und das vollkommen Hinlängliche des Evangeliums als Liebe verkündigende Abendmahlsgemeinschaft hier deutlicher ans Licht, während anderseits schärfer der gesetzliche und als derartig sündige Charakter jeder menschlichen Organisationsform gesehen und in Solidarität angenommen ist. Die scharfe Kritik gegenüber dem menschlichen Drang nach falscher Selbstständigkeit hört nicht auf bei Ständen oder kirchlich-organisatorischen Formen. Franck behandelt nicht wie Flacius die weltlichen Machtverhältnisse als Nebensache. Die Kritik, die wir hier finden, hätte es schwierig gemacht zu einem Landeskirchentum zu kommen und zu gleicher Zeit behandelt die Chronik die Welt viel mehr als Welt au serieux. Wenn die Stände hier zu den Schöpfungsordnungen gerechnet werden müssen (die Aussagen hierüber sind verschwommen), dann müssen sie doch ebenso sehr von Christus weggeräumt werden, wenn für den Heiligen Geist Platz gemacht werden soll. Diese Kritik wirkt sich bis in Unterabschnitte aus: schon früh signalisierte Franck den bedenklichen Charakter der Institution der bezahlten Landsknechte, hier herrscht grosse Offenheit für die Sicht des 'Sündenfalls des Christentums'.

Von Spiritualismus können wir insofern sprechen, als dieses Denken der Wirkung des Heiligen Geistes eine wichtige Funktion zuerkennt. Er hat eine versöhnende Aufgabe und ist, damit er zugleich die Vollendung bringen wird, eng mit einer eschatologischen Apokalyptik verbunden. Im Glaubensleben des einzelnen Gläubigen offenbart sich dies als ein im vertrauenden Glauben die Dinge gelassen an Gott übergeben und als ein Geniessen der Gewissensruhe, die wir als eine spiritualistisch gefärbte 'realised eschatology' angedeutet haben. Beim Entfernen der eschatologischen Spannung verändert dieser Spiritualismus gründlich seinen Charakter.

Es stimmt gut mit dem Charakter der Reformation überein, dass dem Glaubensurteil eines jeden Gläubigen ein bestimmter Raum zugewiesen wird. Die Geschichte wird erst im Glaubenserleben des Gläubigen zur Heilsgeschichte, der das Urteil über diese Geschichte angesagt weiss, bevor das eschatologische

Geschehen seinen Anfang nimmt, für den ebenso wie für den Chronikschreiber die Geschichte zum Zeugnis und zum Urteil geworden ist. So scheint ein deutlicher theologischer Zusammenhang zwischen der Christologie mit dem Akzent auf dem richtenden Christus, dem persönlichen Durchleben des gerichtet-Seins der Welt, dem Durchleben der 'realised eschatology' und der Spannung vom nahenden Eschaton zu bestehen. Dieses theologische Denken hat sehr brauchbare positive Ausgangspunkte für einen radikalen Kirchenbegriff.

Hierzu kam es jedoch in dieser Chronik nicht durch das Vorbeigehen an der 'Gestalt des Unsichtbaren', und durch die Kontroverse Reformation-Spiritualismus, durch die man hier in einem mehr individuellen Vorbau stecken geblieben ist. In dem Mass, in dem bei Franck die eschatologische Stimmung weniger mitspricht, wird man später mit mehr Recht über seinen erlahmenden Pessimismus sprechen können, ja man hat ihn sogar den 'Konkursverwalter des Mittelalters'[94] genannt.

Dies halten wir in der Geschichtbibel für sicher noch nicht an der Reihe. Aber wo das biblisch-eschatologische Denkschema zurückweicht, verschiebt sich dieses Denken in der Tat leicht in nichts anderes, als in einen erlahmenden Pessimismus. Gerade dann kommt die bei Moltmann genannte Kernfrage an die Reihe, 'ob Offenbarung die erhellende Deutung eines vorhandenen, dunklen Lebensprozesses in der Geschichte ist, oder ob Offenbarung selber den Prozess der Geschichte setzt, treibt und anführt, ob mithin wie Barth fragte, Offenbarung ein Prädikat der Geschichte ist oder Geschichte als Prädikat der eschatologischen Offenbarung verstanden, erfahren und erwartet und im Gehorsam gewollt werden muss'.[95]

Dies alles streicht nichts davon ab, dass wir meinen, dass es wohl sehr zu bedauern ist, dass die Geschichtbibel von Anfang an fast immer einseitig gegenüber und im Streit mit der Theologie der Reformation interpretiert wurde. Hierdurch verschwimmen die Aspekte, die einen wesentlichen Beitrag für eine noch radikalere Reformation hätten bedeuten können. Darum glauben wir, dass eine Konfrontation der zwei wichtigsten Geschichtswerke aus der Anfangszeit der Reformation nicht allein historisch, sondern auch theologisch fruchtbar sein kann.

1. Das biographische Material wurde Will-Erich Peuckert, *Sebastian Franck*, München 1943 und E. Teufel *'Landraumig'*, Neustadt an der Aisch 1954 entnommen.
2. bei Peuckert, a.a.O., S. 19.
3. Krebs und Rott, Elsass I (Quellen zur Geschichte der Täufer VII).
4. ebenda.
5. H. Bischof, *Sebastian Franck und deutsche Geschichtschreibung*, Tübingen 1857; auch bei: H. Oncken, *Sebastian Franck als Historiker* in: *Historische Zeitschrift* XLVI (1899) S. 385-435.
6. a.a.O. bei Bischof, S. 81.
7. G.B., I, xxii, r. et v. nicht im 1. Auflage.
8. G.B., I, xlvii, v.
9. G.B., I, l, v.
10. G.B., I, lxv, v. nicht im 1. Auflage.
11. G.B., I, lxxi, r. nicht im 1. Auflage.
12. G.B., I, lxxxvii, r. nicht im 1. Auflage.

13. G.B., I, ci, v.
14. G.B., I, cxi, v.
15. G.B., cxl, r.
16. G.B., II, cxli, r.
17. G.B., II, cxlii, r.
18. G.B., II, clxiii, v.
19. G.B., II, clxix, r.
20. G.B., II, clxxxvii, v.
21. G.B., II, ccv, v.
22. G.B., II, ccxxv, v.
23. G.B., II, ccliii, v.
24. G.B., II, cclxi, r.
25. G.B., II, cclxi, v.
26. G.B., II, cclxv, v.
27. G.B., II, cclxxiii, v.
28. G.B., II, cclxxiiii, r.
29. G.B., II, cclxxxiii, v.
30. G.B., II, cclxxxvii, r. et v.
31. G.B., II, ccxci, v. nicht im I. Auflage.
32. G.B., III, v, v.
33. G.B., III, xiiii, v.
34. G.B., III, xx, r.
35. G.B., III, xliiii, r.
36. G.B., III, lxii, r.
37. G.B., III, lxiii, v.
38. G.B., III, lxv, r.
39. G.B., III, lxvii, r.
40. G.B., III, lxxvii, v.
41. G.B., III, lxxxiii, r.
42. G.B., III, lxxxiiii, v.
43. G.B., III, cxxxviii, r.
44. G.B., III, cxciii, v.
45. G.B., III, cci, r.
46. G.B., III, ccxxx, r.
47. G.B., III, ccxxxvi, v.
48. G.B., III, cclxix, v.
49. G.B., III, cclxxv, v.
50. H. Bischof, a.a.O., S. 81.
51. K. Räber, a.a.O., S. 51.
52. ebenda S. 9.
53. G.B., Vorred, a ii, r.
54. G.B., Vorred, a vi, v. et a vii, r.
55. G.B., I, xliiii, r.
56. K. Räber, a.a.O., S. 59.
57. G.B., I, cxl, r.
58. G.B., II, cclxxxiii, v.
59. G.B., II, cclxxxvi, r. et v.
60. G.B., II, ccxcviii, r. et v., nicht im I. Auflage.
61. G.B., III, xliiii, r.
62. G.B., III, cclxix, r.
63. G.B., III, cclxxiii, r. sq.
64. G.B., I, iii, v. sq.
65. G.B., I, ii, r. et v.
66. G.B., I, iiii, r.
67. G.B., Vorred, a v, r.
68. G.B., Vorred, a iiii, v.
69. K. Räber, a.a.O., S. 89: 'die Freude des Verfassers am Erzählen..., eine Lust an Gestalten' und Stadelmann, *Vom Geist des ausgehenden Mittelalters*, Halle/Saale 1929, S. 262: 'Das eigenartige Geschichtschreiberpathos auf welches die kindliche Natur des Literaten so stolz ist'.

70. G.B., Vorred, a vii, r.
71. G.B., III, iii, r. et v.
72. G.B., III, cci, v. sq.
73. G.B., III, ccxii, r. sq.
74. G.B., III, ccxiiii, r. et v.
75. G.B., III, ccxxxvi, r.
76. G.B., III, ccxl, r.
77. G.B., III, ccxliiii, r.
78. G.B., III, ccxliiii, v.
79. G.B., III, ccxlviii, r. et v.
80. G.B., III, ccxlix, r.
81. G.B., III, ccliiii, v.
82. K. Räber, a.a.O., S. 88.
83. G.B., I, iiii, r.
84. G.B., I, cxl, r.
85. G.B., Vorred, a, vii, r.
86. Moltmann, a.a.O., S. 11.
87. G.B., I, iiii, r.
88. J. Huizinga, *Verzamelde Werken*, Haarlem 1950, dl. VII, blz. 102.
89. Meinholt, a.a.O., S. 301.
90. Moltmann, a.a.O., S. 62.
91. G.B., III, iii, r. et v.
92. E. Teufel, a.a.O., S. 122.
93. E. Brunner, *Die christliche Nicht-Kirche Bewegung in Japan*, in: *Evangelische Theologie*, 14 Jhrg. 1959, S. 147 ff.
94. Stadelmann, a.a.O., S. 118.
95. Moltmann, a.a.O., S. 66.

Das Bildnis von Matthias Flacius Illyricus aus J. J. Boissard, *Bibliotheca Chalcographica*, Heidelberg 1669. Universitätsbibliothek, Amsterdam.

III DIE MAGDEBURGER ZENTURIEN

A. BESCHREIBENDER TEIL

BIOGRAPHIE. Mit der neuen Theologie der Reformation sollte auch eine neue Auffassung der Geschichte zur Diskussion gestellt werden. Luther beklagte sich schon in seinen Tischreden über die mangelhafte Geschichtsschreibung seiner Zeit. Er seufzte einmal, dass er, was die Geschichtsschreibung betraf, jünger zu sein wünschte, um selber noch eine Chronik schreiben zu können.[1] Nicht ohne Sorgen blickte der alternde Luther umher nach Männern, die einer derartigen Aufgabe gewachsen wären. Den Flacius schätzte er besonders hoch. 'Dieser werde es sein' – äusserte er einmal[2] – 'an welchen nach seinem Tode die gehegte Hoffnung anlehnen werde'. Diese Erwartung Luthers erwies sich als nicht vergeblich. Sie wurde von einem Mann erfüllt, dessen starre Rechtgläubigkeit einem unerschütterlichen Aufbauen und Vollbringen einer übermenschlich schweren Aufgabe gleichkam. Die Magdeburger Zenturien, ein Beispiel von ausserordentlich organisierter Gruppenarbeit, sind ja an erster Stelle dem um seiner Unnachgiebigkeit berüchtigt gewordenen Matthias Flacius Illyricus zu verdanken.[3]

Am 3. März des Jahres 1520 wurde Matthias Vlacich in Albona in Illyrien geboren. Er bekam eine klassische Erziehung und verliess, als er 19 Jahre war, Italien als Anhänger der Gedanken Luthers. Er verbrachte einige Zeit in Basel im Hause des Philologen Grynaeus, der Professor an der theologischen Fakultät war. In diesen Jahren lernte er Oporinus kennen, dessen Name später die Ausgabe der Magdeburger Zenturien schmücken sollte. Nach einem kurzen Aufenthalt in Tübingen liess er sich in Wittenberg bei Dr. Fr. Bachofen nieder, wo er in den Kreis Melanchthons und Luthers Eintritt fand. Innerlich erlebte er eine Zeit von tiefem Zweifel und Unsicherheit. Im Jahre 1544 wurde er in Wittenberg magister artium und Professor für Hebräisch. Luther war bei seiner Heirat im Jahre 1545 anwesend. Schon bald entstand ein gespanntes Verhältnis zu Melanchthon, demzufolge Flacius 1547 vorläufig aus Wittenberg floh, der Anfang eines Lebens, das sich in zunehmendem Masse auf der Wanderschaft befand. 1548 bestritt Flacius öffentlich das Interim, floh ein Jahr später nach Magdeburg und schrieb dort '*De veris et falsis adiaphoris*'. Magdeburg kapitulierte 1551, die versöhnende Politik wird ein Jahr später durch den Vertrag von Passau bestätigt. Flacius richtete seine heftige Polemik nun auch gegen die spiritualistischen Ansichten Schwenckfelds und gegen die Führer im Kampf um die guten Werke, Georg Major und Justus Menius. 1557 hielt Flacius seine Inauguralrede in Jena, in der er Luther als den dritten Elia bezeichnete, der von Gott weggenommen würde, noch bevor der Jüngste Tag hereinbricht. Auch in Jena liessen die Konflikte nicht lange auf sich warten. Nach Kontroversen persönlicher Art folgte auch hier die Entlassung, daraufhin floh Flacius nach Regensburg (1562). In dieser Zeit voller Sorgen schrieb er u.a. sein exegetisches Werk 'Clavis Scripturae'. Auch im Abendmahlstreit wahrte Flacius seine Unbeugsamkeit, sodass er 1566 auch Regensburg verlassen musste. In Antwerpen bot Flacius beim Aufsetzen des Glaubensbekenntnisses seine Dienst an. Die mit von ihm entworfenen Bekenntnisschriften widmete er dem Prinz von Oranien. Anfang März 1567 finden wir ihn in Frankfurt, wo er infolge der besorgniserregenden Lage seiner (zweiten) Frau einige Zeit in Ruhe gelassen wurde. Aber schon am Ende dieses Jahres wurde Strassburg sein Domizil, wo er den Einigungsversuchen Andreaes, des Kanzlers von Tübingen, Wiederstand bot. Lehrstreite über die Erbsünde stellten Flacius gegen Heshusius, Chemnitz und Mörlin. Strassburg kündigte ihm im Oktober 1572 seinen Aufenthalt für den nächsten Frühling, wonach er noch Aufnahme in der Nachbarschaft von Fulda fand, später noch in Mansfeld, Berlin und Frankfurt, wo er erkrankte und im Mai 1575 die Stadt hätte räumen müssen, aber am 11. März starb.

Wenn wir diese Fakten seiner Lebensgeschichte überblicken, dürfen wir ihm wenigstens dieses Lob nicht vorenthalten, dass er nie nachgelassen hat, die Lehre zu wählen vor welchen auch nur einigermassen erträglichen Lebenverhältnissen. Eine nähere Orientierung hinsichtlich seiner geschichtlichen Arbeit ermöglicht uns das folgende Bild.

1550 erscheint von seiner Hand ein Dokument über die Messe und gibt er zwei Abhandlungen heraus, die sich mit dem Primat des Papstes und der Beichte beschäftigen. Er besorgte auch die Heraugabe einiger Sendbriefe gegen die Entartung des Papsttums. Von grösseren Plänen zeugt ein Schreiben vom März 1553: 'Ich gehe mit einem groszen Plane um', schreibt er am 7. März 1553 an den Prediger Hartman Beyer in Frankfurt, 'mit einem Plane, der freilich weit über meine Kräfte reicht, der aber, wenn er ausgeführt würde, der Kirche auszerordentlichen Nutzen bringen könnte. Zuerst wünsche ich einen Katalogus aller der Männer zu schreiben, welche vor Martin Luther gottseligen Andenkens mit Wort und Schrift wider den Papst und seine Irrthümer gekämpft haben. Dann wünschte ich, dass eine Kirchengeschichte geschrieben würde, in welcher in gewisser Ordnung und nach der Zeitfolge dargelegt würde, wie die wahre Kirche und ihre Religion von jener ursprünglichen Reinheit und Einfalt in der Apostelzeit allmählich auf schlimme Abwege gerieth, und dies zum Theil aus Nachlässigkeit und Unwissenheit der Lehrer, zum Theil auch durch die Bosheit der Gottlosen; sodann müsste aber auch dargelegt werden, wie die Kirche zuweilen durch einige wahrhaft fromme Männer wieder hergestellt worden ist, und wie so das Licht der Wahrheit bald heller strahlte, bald unter der wachsenden Finsternisz gottlosen Wesens mehr oder weniger wieder verdunkelt wurde: bis endlich zu diesen unseren Zeiten, da die Wahrheit fast völlig vernichtet schien, durch Gottes unermessliche Wohltat die wahre Religion in ihrer Reinheit wieder hergestellt worden ist'.[4]

Stadtansicht Strassburg, aus H. Schedel, *Liber Cronicarum*, Nürnberg 1493. Universitätsbibliothek, Amsterdam.

1553 brachte er ein ausführliches Schema über den Plan der Kirchengeschichte zu Papier.[5] Flacius verstand es als Mitarbeiter mehrere einflussreiche Personen zu gewinnen: Kaspar von Nidbruck aus Wien und Marcus Wagner von Freimar. Der Letzte besuchte die Bibliotheken in vielen Ländern. Kein geringerer als Fugger öffnete seine ganze Bibliothek für das Unternehmen von Flacius. 1561 untersuchte Flacius ausführlich die Schätze der Bibliothek von Fulda.

Man hatte zuvor eine vorzügliche Arbeitsteilung festgesetzt: es gab fünf Inspektores oder Gubernatores: Flacius, Johann Wigand, Mattheus Judex (gestorben 1564), Martin Copus und Gottschalk Prätorius, der schon 1557 durch Ebeling Aleman ersetzt wurde. Sieben Studiosi besorgten das Excerpieren: Ambrosius Hitfeld, David Ciceler, Kaspar Leunculus, Wilhelm Radensis, Nikolaus Beumüller, Bernhard Niger und Petrus Schröder. Die Excerpte wurden zwei 'Architekten' übergeben, nämlich Basilius Faber und Pankratius Veldpock. Diese arbeiteten mit den Inspektores zusammen. Ein 'Amanuensis', wahrscheinlich Konread Agrius, hat alles dann noch einmal abgeschrieben. Wie Wigand berichtete, ist Flacius der 'Kapitän oder erster Steuermann'. 1560 wird Jena das Zentrum, von wo aus die Arbeit geschieht. Dorthin ziehen im selben Jahr auch Wigand und Judex. Eine Rückschlag war der Tot von Judex im Jahre 1564. Aller Wahrscheinlichkeit nach waren die ersten Zenturien schon im Herbst 1558 fertig. An der dreizehnten Zenturie hat Flacius nicht mehr selber mitgearbeitet, weil er zuviel von den theologischen Lehrstreiten in Beschlag genommen wurde. 1587 starb auch Wigand. Die letzten drei Teile sind nie erschienen. Die finanziellen Beiträge für das Werk kamen vor allem aus Lindau und Regensburg. Von Wittenberg und Leipzig aus verbreitete man üble Gerüchte über die wenig gute finanzielle Verwaltung, und aus den selben Kreisen kamen Gerüchte in Umlauf über ungewissenhafte Verfahren beim Sammeln der Excerpte: die verrufene 'culter flacianus'.

INHALTSANGABE. Der Titel des Werkes, das uns beschäftigen wird, lautet: *'Ecclesiastica Historia, integram Ecclesiae Christi ideam, quantum ad Locum, Propagationem, Tranquillitatem, Doctrinam, Haereses, Ceremonias, Gubernationem, Schismata, Synodos, Personas, Miracula, Martyria, Religiones extra Ecclesiam et statum Imperii politicum attinet, secundum singulas Centurias, perspicue ordine complectens: singulari diligentia et fide ex vetustissimis et optimis historicis, patribus et aliis scriptoribus congesta: Per aliquot studiosos et pios viros in urbe Magdeburgica. Basiliae, Per Ioannem Oporinum* 1560 I, 1–2; II; III; IV; 1562 V; VI; 1564 VII; VIII; 1565 IX; 1567 X; XI; 1569 XII; 1574 XIII.

Die Behandlung und Einteilung des Stoffes zeigten deutlich, dass es sich hier um ein Werk mit einem mehr oder weniger enzyklopädischen Charakter handelt. Das Werk behandelt zwölf Jahrhunderte, wobei nur das erste Jahrhundert der ausführlichen Darstellung wegen in zwei Teile gegliedert ist. Das Werk fängt mit dem Leben Christi an, mit einer formellen Einschränkung: es scheint uns gut, mit dem Leben Christi anzufangen, der Kürze wegen ...',[6] wenn wir auch später sehen werden, dass dies nicht der einzige und sicher nicht der wichtigste Grund ist. Das Werk behandelt die Geschichte, Jahrhundert um Jahrhundert nach einem ausführlichen und wohl-begründeten Methodus. Dieser Methodus kehrt in jedem Teil in der gleichen Reihenfolge wieder. Er sieht so aus:

Kapitel   I: Das Vorwort und das Thema des betreffenden Jahrhunderts. Darin wird angezeigt, von welchen Jahren der Leser die Geschichte in der betreffenden Zenturie erwarten kann.
    II: Über den Ort und die Verbreitung der Kirche.
    III: Über die Zeiten der Verfolgung oder der Ruhe in der Kirche.
    IV: Über die Lehre der Kirche, aufgegliedert in: über die Artikel, über die Personen, über den Menschen vor dem Sündenfall, über die Sünde, über das Gesetz, über das Evangelium, über die Kirche.
    V: Über die Ketzerei und deutliche Irrwege.
    VI: Über die Zeremonien oder Riten der Kirche.
    VII: Über die Politik oder die Verwaltung der Kirche.
    VIII: Über die Schismata und geringere Differenzen.
    IX: Über die Konzilien.
    X: Über das Leben der Bischöfe oder Methodus personalis.
    XI: Über die Ketzer oder Verführer.
    XII: Über die Märtyrer.
    XIII: Über Wunder und Wunderzeichen.
    XIV: Über jüdische Angelegenheiten, Äusserliches oder Politik.
    XV: Über andere Gottesdienste ausserhalb der Kirche Christi, wie das Judentum und das Heidentum.
    XVI: Über politische Veränderungen in den Weltreichen.

Das erste Kapitel zeigt den zu behandelnden Stoff an, und weisst meistens auf die markantesten Themen darin hin. Der Methodus ist sehr prinzipiell aufgebaut. So wird die Stelle, wo sich das kirchliche Leben abspielt, als erstes erwähnt, weil dies eine klare Antwort auf die Frage gibt, ob es noch eine Kirche gibt. Dann schliesst sich eine Liste namhafter Personen an, die mit dieser lokalen Geschichte etwas zu tun hatten. Logisch folgt darauf eine Beschreibung der Umstände, unter denen sich das kirchliche Leben abspielen musste: Verfolgung oder Frieden. Der Kern des Werkes und jedes einzelnen Teils ist das Kapitel 'De Doctrina'. Der Methodus zeigt selber, dass wir hiermit von der Aussenseite zum Kern vordringen: 'Nachdem diese äusserlichen Formen ziemlich klar dargetan worden sind, folgt ein Exposé der mehr innerlichen und eigenen Form und Rede der Kirche: ein gut proportionierter und klarer Vortrag der Artikel der Lehre, wie sie durch die Jahrhunderte hindurch von den Doctores dargestellt worden sind. Fromme Geister verlangen das vor allem anderen: sie

Stadtansicht Magdeburg, aus H. Schedel, *Liber Cronicarum*, Nürnberg 1493. Universitätsbibliothek, Amsterdam.

ist das Licht und selber die Sonne dieser heiligen Geschichte'.[7]

Dann kommen die verschiedenen kirchlichen Themen an die Reihe. Über Kapitel XVI sagt die Erläuterung des Methodus: 'Schliesslich werden zusätzlich auch bestimmte Fakten hinsichtlich der Veränderung der politischen Reiche einbezogen. Denn auch darin werden Beweise von Gottes Güte und Zorn sichtbar. Denn auch in den schrecklichen Zusammenstürzen der Mächte hat Gott doch die Reste seiner Kirche erhalten und verbreitet und hat er das Wüten und die Grausamkeit der Tyrannen zerschmettert oder abgewendet und die Schandtaten der Gottlosen bestraft'.[8] Die Betonung, die der Methodus hierauf legt, finden wir deutlich im Umfang mehrerer Kapitel wieder. Fast das ganze Werk hindurch nimmt das vierte Kapitel ein Viertel oder ein Drittel des ganzen Stoffes im Anspruch. Das sechste, siebte und neunte Kapitel, wo die polemischen Momente stark hervortreten, nehmen auch fast ein Drittel des Ganzen ein. Dass die weltliche Geschichte 'appendicis vice' behandelt wird, sehen wir deutlich, wenn wir untersuchen, welch ein kleiner Teil des ganzes Werkes dieses Thema ausmacht: nur vierhundertfünfundzwanzig der gut zwölf-tausend Seiten.

Merkwürdig ist, dass bei dem in grossen Linien sehr programmatischen Aufbau des ganzen Werkes, einige wenig folgerichtigen Einteilungen des Stoffes geblieben sind: die Darstellungen der Verfolgungen und der Märtyrer liegen weit auseinander, ebenso die über die Ketzerei und die Ketzer. Der Haupt-Eindruck den dieses Werk formal macht, ist, dass streng an einem gut motivierten, formalen Aufbau festgehalten wird. Im Folgenden wird sich dann noch zeigen müssen, dass dieser streng formale Aufbau eng mit der inhaltlichen Beschaffenheit dieses umfangreichen Geschichtswerkes zusammenhängt.

INHALTSÜBERSICHT. Weil Form und Inhalt im Geschichtsbild der Magdeburger Zenturien sehr wesentlich zusammenhängen, müssen wir, bevor wir zu einer näheren Inhaltsbeschreibung übergehen können, hier das vorgehen lassen, was die Autoren selber über den Aufbau des Werkes, wie er im Methodus bestimmt ist, meinen, bemerken zu müssen. 'Der Methodus zeigt die immerwährende Übereinstimmung in der Lehre der verschiedenen Glaubensartikel alle Zeiten hindurch. Die Artikel der himmlischen Lehre sind dann auch keineswegs verschieden, sondern gleichlautend. Darum ist es so angenehm für eine fromme Seele, in einer derartigen Geschichte zu erkennen, dass die Gestalt der Lehre, die wir heutzutage in unseren Kirchen haben, dank der grossartigen Barmherzigkeit Gottes, dieselbe alte ist, nicht neu, ursprünglich, nicht geändert, wahr, nicht mit Erdichtungen versehen'.[9] Dabei kommen dann auch die Schwächen anderer, als die hier gefolgte Methode um so stärker heraus. Die Nachteile jener Methoden sind folgende:

'Erstens sagen die Geschichtsschreiber nichts über die Gestalt der Lehre, wie sie in jedem Jahrhundert in der Kirche Christi dagewesen ist. Mit Recht nimmt der Teil die wichtigste Stelle ein, wenn wenigstens darin die bedeutendsten Wahrzeichen und das Herz der wahren Kirche bestehen. Es scheint fast, dass die Geschichtsschreiber diese himmlische Lehre nicht genug verstanden haben.

Eusebius gibt, von andern einmal zu schweigen, im vierten Kapitel des ersten Buches die Definition eines Christen derartig, dass, wenn man das Wissen um Christus, was er ihm wohl (aber sehr verworren) zuerkennt, weglassen würde, er weiter einem Mann gleichen würde, der nach heidnischer Art anständig ist, so wie Cicero ihn in *de Officiis* beschreibt. An erster Stelle wird zu viel allgemein geredet. Von der Wiedergeburt, dem Glauben, über den Christus wie auch die Apostel reden, kommt nichts zum Ausdruck. Es wird nichts gesagt über die Vergebung der Sünden und die durch den Glauben an Christus angerechnete Gerechtigkeit, die als die wahre, die meist eigenartige Gestalt eines Christen ist: die Tugenden oder die guten Werke sind Früchte, die aus einem gerechtfertigten Menschen hervorgehen, wie Christus, die Apostel und die ganze Schrift lehren.

Zweitens: die kirchlichen Streitfragen und Streitigkeiten über ernsthafte Sachen erklären sie in einer nicht einmal einigermassen klaren und übersichtlichen Weise, diese allgemeinen und anerkannten Geschichtsschreiber: sodass der christliche Leser den Kern der Sache und die Basis auch nur einigermassen in seinem Geist erfassen und beurteilen kann.

Drittens: Über die Ketzereien: wodurch die Kirche Christi zerrissen ist, reden sie so kühl und düster und gehen so bequem daran vorbei, dass man das, was nun die Lehre der Ketzer war, nur wie durch ein Sieb oder ganz und gar nicht aus ihren Werken erkennen kann.

Viertens: Sie berichten zu wenig davon, was zu einem bestimmten Zeitpunkt die Bedeutung und die Verschiedenheit der Zeremonien an allen Orten waren. Ebensowenig berichten sie mit Angabe der Gründe, warum bestimmte Bräuche abgeschafft und andere eingestellt wurden.

Fünftens: In Bezug auf die Verwaltungsform, die die Diener der Kirche an verschiedenen Orten angewandt haben, was findet man von Amts wegen über sie gesagt? Dieser Teil des Stoffes liegt in einer so merkwürdigen Weise zerstreut, dass der Leser ihn nicht zusammenfassen kann, wie aufmerksam er auch sein mag.

Sechstens: Es sind alle, um es einmal so zu sagen: Biographische Historiker.. da werden die Dogmen und Streitfragen nicht klar erläutert.

Siebtens: Es ist ein verworrenes Gewebe von viel und wenig..., was sowohl die Beurteilung als auch die Erinnerung beim Leser erschwert.

Beim Beschreiben des leuchtenden Zentrums und des Kerns der Kirchengeschichte reicht es den Autoren früherer Jahrhunderte entweder nicht aus, oder sie behandeln in jedem Fall ernsthafte Fragen nicht in einer für den Leser erläuternden und ausführlichen Weise'.[10]

Diesen kritischen Bemerkungen gegenüber fallen dann die Vorteile der von unseren Autoren gefolgten Methode deutlich auf: 'Die Vorteile einer solch gediegenen und energisch geschriebenen Geschichte, die klar und instruktiv sein möchte, zeigen sich bei einer einfachen Aufzählung:

Erstens: Dass man das Bild der Kirche unseres Herrn Jesus Christus vor den Augen sehen kann, wie auf einem Gemälde gemalt, sodass es leicht zu erfassen ist, ist eine angenehme und notwendige Eigenschaft. Es ist ein Artikel des Glaubens, an eine heilige, allgemeine Kirche zu glauben. Darum lehrt eine Kirchengeschichte dieser Art, dass die Kirche, in der Gott tätig ist, durch alle Jahrhunderte hindurch, durch die wunderbare Barmherzigkeit und Macht Gottes im Dienst des Wortes Gottes zusammengehalten wird und bestehen bleibt. Das ist die Kirche, in der Gott tätig ist. Diese Geschichte erklärt alles und gibt Erläuterungen all desjenigen, was in ihr vor allem an die Reihe kommt.

Zweitens: Sie zeigt die immerwährende Übereinstimmung in der Lehre der besonderen Glaubensartikel in allen Jahrhunderten an.[11] Die Merkmale der wahren Kirche, durch die sie die Jahrhunderte hindurch erkennbar war, erläutert sie genau. Sie warnt vor den Ursachen, die vor allem die Kirche zerstören: nämlich das Streben nach weltlicher Macht und Ruhm, Faulheit und Luxus in der kirchlichen Führung. Diese Dinge lassen Unwissenheit in der Lehre entstehen, zu der dann noch eitle Meinungen, Abgötterei und Aberglauben kommen, wie der Teufel (Matth. 4) sagt: "So du niederfällst und mich anbetest, werde ich Dir alle Reiche der Welt und ihre Herrlichkeit geben".[12] Über diejenigen, die mit den eben genannten Vorteilen nicht übereinstimmen können, lautet das Urteil: "Wer diese guten Eigenschaften gering oder von keinem Wert schätzt, muss bestimmt wenig Frömmigkeit oder wenig gesunden Verstand haben".[13]

Nicht nur der Beschränkung des Umfanges wegen fängt das Werk mit dem Leben Christi an, sondern auch 'um das Anlitz der Herrschaft Christi, nachdem er auf Erden die Versöhnung des menschlichen Geschlechts vollbracht hat und erhaben zum Himmel fuhr, so gut wie möglich hervortreten zu lassen'.[14]

Nun können etwaige Gegner hierbei vielleicht bemerken, dass die hier gestellte Aufgabe doch nicht die Aufgabe eines Geschichtsschreibers ist, sondern vielmehr die eines Kommentators. Dann muss man auf den ganz eigenen Charakter dieser Geschichte hinweisen, die darum auch eine ganz eigene Methode des Beschreibens erfordert: 'Manche werden dabei vielleicht als Bedenken anführen, dass die Methode zwar nicht übel ist, aber sich für Kommentatoren eignet, nicht jedoch für einen Historiker, der die Fakten kurz darstellen soll. Darauf antworten wir: Sicher gibt es einen Unterschied zwischen einen Historiker und dem, was man einen Kommentator nennt. Wir hegen nicht das Vorhaben in einer derartigen heiligen Geschichte zu jedem Buch eines Propheten oder Apostels Kommentare oder Erläuterungen zu schreiben. Wir stellen uns vor, eine Erörterung oder eine Aufzählung der Glaubensartikel nach einer bestimmten Methode mit klaren Gründen zu bringen. Wie es uns scheint, stimmt das sehr gut mit der heiligen Geschichte überein. Oder sollten wir die Taten derer, die wir beschreiben, nicht erwähnen? In einer derartigen Kirchengeschichte müssen doch sicher die Taten Gottes, die er durch seine Dienerschaft vollbracht hat, erwähnt werden. Das Handeln dieser Kirche Christi besteht nach Meinung aller Wohldenkenden vor allem in der Lehre: darum sind Geschichtswerke, die in dieser Hinsicht versagen, mager und mangelhaft'.[15]

Das Thema des ganz Spezifischen dieser Geschichtsschreibung kommt immer wieder mit verschiedenen Motivationen zurück: 'Wir wissen nicht an welche Gesetze andere Geschichtsschreiber gebunden waren, oder von welchen Erwägungen sie bestimmt wurden, auch nicht, ob es ihnen nicht gefallen hat oder nicht frei stand, die Lehre derer, deren Geschichte sie berichteten, darzustellen. Was uns anbelangt, geben wir, nachdem wir uns die ganze Sache gründlich und gut überlegt haben, nach einer bestimmten und nützlichen Einsicht die folgende Zusammenfassung der Lehre: Dies ist ja unsere einzige und wichtigste Richtschnur, die Geschichte unseres Herrn Jesus Christus so auszulegen, dass die Ereignisse, die darin von ausserordentlich grosser Bedeutung sind, vom frommen und aufmerksamen Leser erkannt, verstanden und beachtet werden können. Nun ist aber in dieser Geschichte die Lehre Christi das bedeutendste und instruktivste Kapitel. Ohne diese Christus zu beschreiben wäre nur seinen Schatten Beschreiben, eine unfruchtbare Wiedergabe'.[16]

Auch die Teile der Geschichtsbeschreibung, die scheinbar nur einen rein beschreibenden Charakter haben, müssen doch im Zusammenhang mit dem dogmatischen Grundmodell dieser Geschichtsschreibung gesehen werden. Dies zeigt sich z.B. an der Stelle, wo eine nähere Rechtfertigung der kirchlichen Topographie gegeben wird: 'Wieder einmal muss an erster Stelle gesagt werden, an welchen Orten Christus seine Kirche hatte oder verbreitet hat, damit man gleichsam der Spur Gottes folgen und sein unsagbares Erbarmen achten und verkündigen kann, dass er in seinem Versprechen nicht nachgelassen hat, den Samen des Wortes Gottes zu verbreiten und die Menge der Gläubigen zu mehren. Das alles hat ja Bezug zum Glaubensartikel: 'Ich glaube an eine heilige, allgemeine Kirche'.[17]

Die Kirchengeschichtsschreibung hat nicht immer die Aufmerksamkeit bekommen, die ihr eigentlich zusteht: 'Für viele ist die weltliche Geschichte reizvoller, weil das Regieren weit ausgedehnter Staaten den Menschen mehr auffällt und mehr Interesse weckt, als die Erhaltung und die wunderbare Verwaltung der Kirche Gottes. Dazu kommt noch dieser Nachteil, dass die Mönche von der mehr verfeinerten Literatur und der praktischen Realität abgeneigt, wie sie waren, meistens auf grässliche Weise ihre Aufzeichnungen niedergeschrieben und gleichsam nur Ruinen hinterlassen haben, die bei einer ersten Bekanntschaft schon Ekel hervorrufen'.[18]

Wegen des grossen Umfangs des zu behandelnden Stoffes ist die erste Zenturie in zwei Teile gespalten, von denen der erste fast ganz aus theologischen Betrachtungen besteht. Dass der Beschreibung gerade dieser ersten Zeit so viel Platz eingeräumt wird, ist verständlich, weil diese Zeit von den Autoren als normativ beschrieben wird: 'Nun ist es die Mühe wert, zu sehen, welchen Sinn und welche Gestalt die Lehre hatte, die er selber und seine Zeugen und Mitarbeiter mündlich überliefert haben. Hier ist ja die Richtschnur zu finden, an der alle Dogmen geprüft und untersucht werden müssen'.[19]

Das Kapitel *De Doctrina* ethält sehr ausführliche Betrachtungen über die verschiedenen dogmatischen Loci. Einige Kapitel, denen wir später in grösserem Umfang beggenen werden, fehlen hier noch ganz oder sind sehr kurz, weil an diesem ersten Anfang noch nicht alle Themen aktuell sind. Im zehnten Kapitel *'De Personis'* finden wir eine ausführliche Behandlung der *'Historia de Vita et Gestis Jesu Christi'*, der gleich die Erwähnung der Bedeutung der siebzig Wochen, wie sie von Daniel prophezeit worden sind, folgt.[20]

Im zweiten Teil derselben Zenturie begegnen wir bereits einer Anfechtung des Primats des Petrus, mit den folgenden Argumenten:

1. Die Schrift lehrt, dass Paulus der Apostel für die Heiden und Petrus der Apostel für die Juden war; 2. Christus hat seine Jünger eine ganz andere Auffassung von 'Regieren' gelehrt, als sie nun beim Primat des Petrus zu finden ist; 3. Petrus war ein guter Jünger, er nannte sich selbst Mitältester I. Petr. 5; 4. In Acta lesen wir, dass die Apostel Johannes und Petrus nach Samaria schicken; das aussendende Kollegium wird bestimmt mehr Macht gehabt haben als einer der Gesandten; 5. Die Streitfragen über den ersten Rang unter den Jüngern wäre unmöglich gewesen, wenn Christus nachdrücklich das Primat des Petrus gelehrt hätte; 6. Christus sagt zu seinen Jüngern, dass er sie sendet, wie der Vater ihn gesandt hat; und das ist nicht mit einer Macht, wie der eines Papstes; 7. Im Text Matthäus 16 meint Christus mit 'Petra' sich selber; 8. Paulus bestreitet in seinen Briefen das Sich-Erheben über die anderen Jünger; 9. Während Paulus öfters vom 'Haupt der Kirche' spricht, nennt er dabei nie Petrus; 10. Nach einer Überlieferung von Eusebius hat Christus seinen Jüngern Johannes, Jacobus und Petrus nach seiner Himmelfahrt gleiche Weisheit gegeben; 11. Wenn Paulus vom Primat des Petrus gewusst hätte, würde er den Antichristen nicht mit der Beschreibung von II. Thess. 2 bezeichnet haben'.[21] Wenn in diesem Teil das Heidentum zur Sprache kommt, genügt die Wiedergabe mit der Sicht des Paulus, dass die Heiden die Kenntnis Gottes missbraucht haben.

In der zweiten Zenturie bemerken die Autoren bei der Besprechung des 'locus de libero arbitrio', dass dieses zentrale Lehrstück zugleich das am frühesten umstrittene ist. Beim Erwähnen einer Stelle von Irenaeus, die auf den Primat des Petrus hinweisen könnte, finden wir eine korrigierende Notiz, dass hier nicht vom Primat des Petrus, sondern von einer apostolischen Tradition die Rede ist.[22] Wichtig ist die Angabe der Gründe, warum sich (jetzt schon!) die Ketzerei rührt: 'Der Grund nämlich, warum sich in dieser Zeit die Ketzerei mächtiger auszubreiten anfing, liegt darin, dass sich, nachdem die Apostel zum grössten Teil gestorben waren, der Geist der Irrwege (vertigo) in der Kirche wie in einem Vakuum eingenistet hat, wie Hegesippus sagt. Während das Haus auf eigene Bewachung angewiesen war, konnte er bequem einen Angriff starten. Ihre Nachfolger, wie man es von Menschen erwarten kann, die an Begabung den Apostel weitaus unterlegen waren, hatten weniger Kraft und Waffen um ihn zurückzustossen'.[23]

Im Vorwort der dritten Zenturie finden wir die Kirche schon als eine Gemeinschaft gezeichnet, die klein, verachtet und vom Kreuz verzeichnet ist.[24] Unter dem Titel *'Declinatio Doctrinae'* lesen wir dann: 'Es ist gewiss, dass bald alle ziemlich von der Integrität der Lehre abgewichen sind: die Doctores selber haben manchmal nicht übereingestimmt mit der Kenntnis und Vollkommenheit ihrer Vorgänger, der Apostel und derer, die ihnen als Nächste gefolgt sind. Je mehr man sich zeitlich von den Aposteln entfernte, desto mehr Flecken sind auf die Reinheit der Doctrina gekommen'.[25] Mit diesem Teil beginnt dann auch eine eigene Rubrik, mit dem Titel *De ritibus Ecclesiae Romanae*, mit der folgenden Motivation: 'Wir besprechen die Zeremonien und Riten der römischen Kirche gesondert. Das machen wir, weil wir hier aus suspekten Beschlüssen und Briefen der Päpste schöpfen, und weil die abergläubischen Bräuche in dieser Kirche effektiv werden und in zunehmendem Masse wachsen, wie es mit dem mysterium iniquitatis an seiner bestimmten Stelle nach Apocalypse 17. geschehen sollte. In dieser Rubrik kommen dann nacheinander an die Reihe: die öffentlichen Versammlungen, der Taufritus, der Abendmahlsritus, die Ordination, der Exorzismus, die Feste, das Heiratsritual, die Konsekrationen, Benediktus und Opfer, die Tempelweihe, das Zölibat und das Leben der Mönche'.[26]

Der vierten Zenturie geht eine Widmung an Elisabeth von England voraus. Hier kommt dann die Aufgabe der Fürsten zur Sprache und weisen die Autoren darauf hin, dass der Zerfall, der im vierten Jahrhundert zu bemerken ist, als Vorbote der Endzeit gesehen werden soll, die nun nahe ist. Konstantin der Grosse, der sich um die Kirche in so ausgezeichneter Weise verdient gemacht hat, war auch schon von britischer Herkunft! Weiter erfahren wir noch über Konstantin, 'dass er durch die Güte Gottes an die Regierung kam, der wollte, dass er der Kirche endlich einen sicheren Hafen bereiten konnte, nachdem sie nun schon so lange durch eine Flut von Verfolgungen erschüttert war'.[27]

Anlässlich der Bekehrung Konstantins lesen wir im Kapitel über die kirchliche Verwaltung: 'In dieser Ära der christlichen Kaiser kam zum ersten Mal für die allgemeine Verwaltung der meisten oder aller Kirchen die Fürsorge, die Autorität und die Macht über äusserliche Dinge. Denn die frommen Kaiser, in ihren Pflichten unterrichtet, haben erkannt, dass die Obrigkeit für äusserliche Dinge von Gott eingesetzt ist, als Bewacher der ersten und zweiten Tafel des Gesetzes. Daher kommt, was Eusebius erzählt, dass er Konstantin bei einer Mahlzeit zu den Bischöfen hat sagen hören: 'Ihr seid von Gott eingesetzt als Bischof über die internen Angelegenheiten der Kirche, ich über die externen' (Vita Konstantini, IV.). Derselbe Eusebius sagt im ersten Buch über das Leben Konstantins, dass er gleichsam als gemeinschaftlicher Bischof von Gott eingesetzt worden ist. Aber was soll man davon sagen, dass Konstantin sich selber in einem Brief an Nicomediuces ein Diener Gottes nannte, der die Macht hat, schlechte Bischöfe in Zaum zu halten? (apud Theodoretum lib. primo cap. decimonono)'.[28] Mit den üblichen Argumenten widerlegt die Chronik die Donatio Konstantini und die Pseudo-Isidorischen Decretalien. Die Entwicklung des Klosterwesens stimmt zur Verwunderung: 'Es ist sicher erstaunlich, dass sie, während dieses Jahrhundert solche ausgezeichneten Doctores hatte, die Lebensweise, die von Gott nicht eingerichtet wurde, nicht nur gebilligt haben, sondern sogar gestiftet und einen Kult der menschlichen Tradition daraus gemacht haben'.[29]

Die fünfte Zenturie zeigt nach der Tendenz der Widmung eine wachsende Verfinsterung. Es blieb nicht bei geistlichen Verfinsterungen: 'Den geistlichen Strafen verbanden sich Katastrophen auf politischem Gebiet. Denn man kann nur schwierig eine Zeit finden, in der das römische Imperium so gebrochen, abgeschwächt und fast zerstört war, wie gerade in dieser Periode. Rom, einstmals Haupt und Meisterin der Welt, das ja zum Sitz des Antichristen geworden ist, ist nach einem auffallenden Entschluss Gottes in dieser Zeit dreimal eingenommen und geplündert worden. Zweifelsohne wollte Gott durch diese öfters wiederholten Strafen die Römer vor den kriminellen Praktiken ihrer Bischöfe warnen. Aber dies alles geschah umsonst, da keiner Ohren hatte zu Hören, Augen zu Sehen oder ein Herz zum Verstehen. Die Zeit war nämlich nahe, dass der Antichrist in der heiligen Stadt mächtig werden sollte, damit diese höchst undankbare Welt den ihr passenden Lohn empfangen würde für ihre Torheit, Verachtung und Boshaftigkeit gegen den offenbarten Willen und Dienst Gottes. Die Weltlichen meinen, dass durch einen Zufall des Schicksals derartige Änderungen und Umwälzungen stattfinden. Aber der Heilige Geist sagt: die Könige regieren durch mich. Dann ist auch dies das Werk Gottes, der Kraft seines rechtfertigenden Urteils, der Verachtung seines Wortes, seines Dienstes und seiner Ehre, der Unsittlichkeit der Gottlosen und der fremden Maskerade der Gottesdienste wegen, geistliche und körperliche Strafen auferlegt hat: so wie Gott wiederholt in den Schriften der Apostel und Propheten droht'[30]. Das auffallendste Merkmal dieser Periode ist das Aufdrängen des Primats von Rom. Über Leo I. ist die Beurteilung geteilt: 'Ihm werden viele Beschlüsse zugeschrieben, von denen manche zwar gut sind, aber andere offen die Merkmale des mysterium iniquitatis tragen'.[31] Sogar Augustinus entkommt nicht einer kritischen Beurteilung: Er hat verschiedene 'Flecken' der Doctores des letzten Jahrhunderts stehen lassen, auch wenn er manchmal eine bessere Einsicht zeigte.[32]

Auch das Bild, das die sechste Zenturie zeigt, ist wenig ermunternd. In der Widmung dieses Teils spricht die aktuelle Problematik von damals ein tüchtiges Wörtchen mit: 'Lasst die Obrigkeiten wenigstens aus dieser Geschichte lernen, dass sie den Einflüsterungen der Hofleute und anderer Kinder dieses Jahrhunderts keine Freiheit geben müssen gegenüber denjenigen, die die wahre Lehre in der Kirche Christi verkündigen, oder gegenüber ihren törichten Entschlüssen. Lasst sie nicht meinen, dass mit freundlicher oder unfreundlicher Amnestie die kirchlichen Gegensätze über die Grundbegriffe der himmlischen Lehre ausgeglichen werden könnten. Lasst sie vielmehr nach dem Beispiel der besten Kaiser Synoden von Doctores zusammenrufen, die Streitfragen öffentlich darlegen, Beschlüsse aufgrund des eindeutigen Wortes Gottes suchen und die Stimme Gottes befragen: lasst sie die Wunden der Kirche heilen, nicht ertragen, nicht mit einem zu vorsichtig ausgeführten Einschnitt heilen'.[33] Die Verbreitung der Zeremonien und heidnischen Traditionen in dieser Periode ist vor allem das Werk Gregors. Weiterhin besingt diese Chronik das Lob des Sieges von Chlodwig über die West-Goten.

In diesem Jahrhundert nimmt die Zahl der Doctores Ecclesiae allmählich ab. Allerhand Zeremonien und Mönchspraktiken nehmen dagegen zu.

An einem Beispiel illustrieren die Autoren die Neigung der Päpste, sich allmählich über die Machthaber zu stellen: 'Als der Papst Hormisdas Gesandte zu Anastasius schickte, um mit ihm über die Eutychianische Ketzerei zu verhandeln, sandte der Kaiser die Gesandten mit einem beschädigten und lecken Schiff zurück, mit dem Befehl, diese Antwort zu geben, damit er es wissen würde: dass es dem Kaiser eigen war zu befehlen, nicht Befehle eines Bischofs zu empfangen'.[34] Dass Gregor der Grosse auch in dogmatischer Hinsicht öfters abwich, führt die Chronik auf die Zunahme der Zeremonien zurück, die wie von selbst eine Verfinsterung der Lehre mit sich brachte. Über Boethius lautet das Urteil ziemlich günstig. Weniger gut kommt Benedict von Nursia davon, der durch das Stiften von zwölf Klöstern Zeichen des Antichristen aufweist. Übrigens haben die Mönche dazu beigetragen, dass das Heidentum bekämpft wurde. Auch das Bild der weltlichen Geschichte ist unruhig: 'Überall fanden in diesem Jahrhundert wichtige Änderungen statt, sodass das römische Reich durch anhaltende und fortwährende Verschiebungen, wie ein Schiff in einem Strudel, bewegt und geschüttelt wurde'.[35]

Die siebte Zenturie zeigt eine Aufeinanderstapelung von Missgeschicken und Irrtümern. Klar tritt der Verfall vor allem durch das Offenbarwerden der zweiten Gestalt des Antichristen zu Tage, dem Islam. Damit erfüllte sich die Voraussage Daniels, sodass das Sichtbarwerden des Reiches des Antichristen jetzt nicht mehr zweifelhaft ist. Alle diese Irrwege finden auch in der weltlichen Geschichte ihre Widerspiegelung: dort lässt Gott die Umstürze zu, als einen klaren Beweis und ein nicht zu leugnendes Zeichen seines Urteils über eine verdorbene Welt.[36]

In der nächsten, der achten Zenturie, geht der Verfall unvermindert weiter, wenn auch einige Lichtpunkte vorhanden sind, z.B. der Widerstand Karls des Grossen gegen bestimmte Abgöttereien. Aber aufs Ganze – es wird monoton – ist der Anlitz der Kirche trübseliger als vorher, denn ausser Johannes Damascenus, der übrigens nicht allzu viel geleistet hat (!), widerlegte keiner gründlich die Irrtümer.[37] In diesen Tagen macht sich auch ein verkehrter Begriff von Bekehrung oder Reformation geltend: 'Das mysterium iniquitatis unter den römischen Bischöfen brachte neben anderen Übeltaten auch andere Kirchen unter dem Vorwand der Bekehrung oder der Reformation unter ihr Joch. Davon haben wir in diesem Jahrhundert viele Beispiele. Gregor der Zweite bekehrte – oder besser – deformierte durch seinen Apostel Bonifatius die gerade bekehrten Kirchen in Deutschland so, dass er diese mit dem päpstlichen Charakter durch römische Zeremonien zeichnete, um glanzvolle Versammlungen einzustellen, durch Abergläubigkeiten zu befestigen und Verdrehungen der Lehre zu verbreiten. Das alles tat er unter dem Deckmantel der Frömmigkeit, Liebe, Zusammengehörigkeit (suschèmosunè), Ordnung und Nutzen. Die Arglosen konnten nicht bemerken, welches mysterium iniquitatis mit dieser Sache eingehandelt wurde'.[38] Die allzu ehrfürchtige Haltung Karls des Grossen hinsichtlich

Mohammed auf seinem Thron, aus H. Schedel, *Liber Cronicarum*, Nürnberg 1493. Universitätsbibliothek, Amsterdam.

des Primats des Stuhles Petri findet ebenso kritische Erwähnung.[39] Bei der gesonderten Beschreibung kirchlicher Personen fällt Bonifatius nochmals unter ein vernichtendes Urteil: 'Wie ein Diener und Sklave des Antichristen, der in dem Ungetüm von Apk. 13. praefiguriert ist, hat er, wie Balaeus zeigt, viel böses getan'.[40] Die Beschreibung der weltliche Geschichte meldet als wichtigste Tatsachen das Ende des Reiches der Longobarden und den Anfang des Fränkischen Reiches.

Was sich in der neunten Zenturie abspielt, dürfte ein abschreckendes Beispiel sein. 'Das Beispiel dieser göttlichen Strafe wird in diesem neunten Jahrhundert und im Folgenden bis in unsere Zeit so deutlich sichtbar, dass man es vor Abscheu kaum ansehen kann. Denn auch die wahren Doctores der Kirche Gottes irren mehr und mehr und die Finsternis in Sachen Glaubensartikel und göttlicher Ehrendienste bedrücken fast die ganze christliche Welt. Es ist wirklich die Mühe wert, nachzuspüren, zu betrachten und wahrzunehmen, wie es dazu kam, dass so finstere Zeiten angestürmt kamen, oder um es deutlicher zu sagen: die Ursachen, wie es dazu kam, dass Gott vor Zorn entbrannte und erlaubte, dass derartige Finsternisse überall in der Kirche herrschen'.[41] Dennoch bleibt auch in dieser Zeit die wahre Kirche als eine kleine Schar bewahrt; aber das Wichtigste, das man von der Welt sagen kann, ist doch das, dass sie in eine Lage geraten ist, von der Christus wie ein guter Prophet vorhergesagt hat, dass bei seinem Kommen kaum noch Glaube auf Erden gefunden werden würde.[42] Die Kirche zeigt vor allem ihr verzeichnetes Anlitz darin, dass man vom Reich Christi ein Reich der weltlichen Herrschaft gemacht hat. Zur Untermalung erzählt dann die Chronik als unverkennbaren Fingerzeig Gottes, die Legende der Päpstin Johanna, aus der die Richtigkeit der Prophezeiungen in der Apokalypse doch wohl sehr deutlich wird.[43]

Karl der Grosse machte in dieser finsteren Periode keine schlechte Figur: 'Er war ein vernünftiger und frommer Kaiser: in vielen Hauptstücken der Lehre hatte er eine bessere Meinung als viele andere; in jedem Fall verwarf er die Verehrung der Bilder als eine abscheuliche Abgötterei'.[44] Auch anderswo lobt die Chronik ihn wegen seines Eifers für die reine Lehre, wenn auch an anderer Stelle die Kritik nicht ganz fehlt. Das Schwärmen für Pilgerfahrten, das in dieser Zeit zuzunehmen beginnt, ist die Folge des Verlorengehens des reinen Glaubensbegriffes, der noch wusste, dass man Gott unabhängig vom Ort im Geist auf die rechte Weise anrufen kann.[45] Einem Kapitel über Wunderzeichen geht eine Einleitung voran, die deutlich zeigt, dass die Autoren hinsichtlich bestimmter Wunderzeichen in Geschichte und Natur doch eine positive Einstellung haben: 'Es geschieht öfters, dass Gott wichtige Änderungen in der Kirche wie in der Regierung dieser Welt vorher ankündigt, damit sie nicht auf einmal aus purem Zufall zu geschehen scheinen. Das geschieht, damit fromme Herzen aufgeweckt werden, über die Werke Gottes nachzudenken, zur feurigen Verehrung und Treue im Verbessern ihres Verhaltens. Darum, dass dieses Jahrhundert so viele Schwankungen und Unruhe zu ertragen hatte, kannte auch diese Periode Zeichen und Warnzeichen der abscheulichen Katastrophen als nicht unbedeutende Andeutungen und Prophezeiungen. Es waren auch nicht wenige, was wir noch in angemessener Kürze zu besprechen hoffen'.[46]

Die weltliche Geschichte betont das Antreten des Kaisertums durch Karl den Grossen. Dies bedeutet eine Zweiteilung der römischen Macht: 'Der römische Adler ist schon bald am Anfang dieses Jahrhunderts in zwei geteilt worden. Denn Karl der Grosse wurde im Jahre 801 mit der Einwilligung des Senats und des römischen Volkes in einem feierlichen Ritual von Papst Leo zum Kaiser des Westens gekrönt. Die Römer gaben vor, dass der Grund dieser Änderung war, dass es der Würde des römischen Reiches fremd wäre, wenn eine Frau, Irene, an der Spitze dessen stehen würde und, dass sie hofften, dass Irene in eine Ehe mit Karl einwilligen würde; ferner, dass Karl der Grosse sie von der Herrschaft der Langobarden und Griechen befreien würde und ausserdem die Besitzungen, die die Langobarden im Reich besetzt und schon viele Jahre in ihrer Macht hielten, dem Papst in Rom zurückgeben würde. Auch hofften sie, dass er bereit wäre, mit einem Treueschwur zu versprechen, sie zu verteidigen und für sie gegen ihre Feinde zu kämpfen, weil es keinen im ganzen Westen gab, der hervorragender war an Mut, Weisheit und Tapferkeit, ihnen mehr in Freundschaft und Verbundenheit verwandt und dem heiligen Petrus gegenüber religiöser wäre'.[47]

Die zehnte Zenturie gibt ein Bild der vollkommenen Herrschaft Roms. Die Macht des Papstes hängt wie eine Wolke über ganz Europa. Nicht nur die kirchlichen Machthaber sondern auch die politischen Führer verkehren in einem Zustand der totalen Abhängigkeit vom Papst. Übrigens breitet sich die Kirche aus, obwohl nicht ganz ohne viele Misstände in Ländern wie Schweden, Polen, Teilen Slawiens und Ungarn. Auch wird mit ziemlichem Lärm die Tatsache erwähnt, dass das Recht, den Kaiser zu wählen der germanischen Autoritäten zusteht, ein Beschluss, der so dauerhaft geblieben ist, dass er wohl mit Gottes Zustimmung gefasst sein müsste.

Die Macht des Papstes drückt so schwer auf das kirchliche Leben, dass es nicht nur der Schlaffheit der Doctores zuzuschreiben ist, dass nirgendwo eine ordentliche Aufzeichnung der Ketzerei in diesen Jahren stattgefunden hat.[48] Alle waren zuviel beschäftigt mit dem Streben nach kirchlichen und weltlichen verführerischen Stellen. An sich ist das nicht so erstaunlich: es ist ja die von Christus selber prophezeite Periode, in der der Starke in ungetrübter Ruhe seine Stelle einnehmen kann. Auch im kirchlichen und geistlichen Leben gilt das Gesetz der Kraft und Gegenkraft: in einer gesunden Kirche, in der die Doctores fleissig und wachsam sind, verbreitet auch das Böse mit mehr Macht seine Irrlehre. Darum ist das ein Argument dafür, dass in dieser Zeit so wenig gegen die Ketzer gestritten wurde: die wahre Kirche Gottes war in dieser Periode äussert schwach. Der Leser dürfte wissen, dass alle Ketzer aus diesem Kapitel die Flucht ergriffen und sich in Prälaten, Mönchen und Bischöfen versteckt haben.[49]

Die Einleitung der elften Zenturie ist eine Betrachtung des Verhältnisses der kirchlichen und politischen Macht. Der Prototyp des Kirchenfürsten, der seine Macht missbraucht, ist Hildebrand. Dass eine so völlige Demütigung wie die

Heinrichs IV stattfinden konnte, ist dann auch nur als ein äusserst deutliches Zeichen des Zornes Gottes zu erklären, der darin eine Warnung hören lassen wollte: 'Gott war erzürnt über die Welt, dass er erlaubte, dass ein so abscheuliches Verbrechen durch diesen Papst vollzogen werden konnte. Sonst würde der Erdboden aufgebrochen sein und den Lockvogel, wie wir Hildebrand nennen wollen, mit seinem Palast lebendig verschlungen haben'.[50] Keine Worte sind schlimm genug, um das grässliche Machtstreben Hildebrands zu schildern: 'Nur die Zeremonien wurden beachtet, die zur eigenen Machtentfaltung geeignet waren oder dazu, Geld von den Menschen zu erpressen. Davon ist Hildebrand das verrufenste Beispiel, der das ganze römische Reich in Aufruhr versetzte, der unmenschliche Anstifter der unzählbaren Blutbäder, die durch sein Hetzen überall in der christlichen Welt verübt wurden'.[51] Sogar bestimmte Merkmale des Antichristen sind wie ein Stempel auf diese Periode gedrückt. 'Man findet hier diese zwei bemerkenswerten Charakteristika, gleichsam eingebrannte Merkmale des Antichristen: Verachtung der politischen Autorität und die Verhinderung der Heirat II. Petr. 2; Tim. 4'.[52] Bündiger kann eigentlich dieser Zeitabschnitt nicht gekennzeichnet werden, als es in der Überschrift einer der Kapitel geschehen ist: 'Die Königreiche dieser Welt und ihre Herrlichkeit, Papacaesareatus'.[53] Am Ende dieser Lebensbeschreibung Hildebrands erzählt der Autor, dass er an seinem Sterbebett Busse getan hat mit den Worten, dass er 'in der pastoralen Sorge, die seiner Herrschaft anvertraut war, sehr gesündigt hatte'.[54] Das Kapitel über die weltlichen und politischen Veränderungen beschreibt den Zug nach Jerusalem, der 1096 unter der Führung Gottfrieds von Lothringen stattfand. In einer weiteren Zenturie kommt dieses Thema ausführlicher zur Sprache.

Anlässlich dessen, was das zwölfte Jahrhundert zeigen wird, würdigt der Autor dem Walten Gottes eine prinzipielle Betrachtung: 'Die heilige Schrift und die allgemeine Erfahrung sind der Beweis dafür, dass die Herrscher der Völker entweder aufgrund des Zornes oder aufgrund der Gnade des allerhöchsten Gottes existieren. Die Geschichte der Menschen vollzieht sich nicht nach blindem Zufall. Sondern Gott bewirkt entweder nach seiner Barmherzigkeit und Allmacht das Gute, oder er erlegt nach seinem sehr gerechtfertigten Urteil Strafen und Katastrophen auf und erlaubt, dass Unheil angerichtet wird. Aufgrund seines Zornes herrschen mit der Einwilligung Gottes böse Machthaber, die nicht zum Heil und Glück existieren, sondern mit ihrer zügellosen Herrschsucht und Raserei alles umwerfen und ineinander stürzen. Das geschieht, wenn die Sünden des Volkes Gott beleidigen und sie Strafe verdienen, wie bei den Propheten geschrieben steht: 'Ich werde ihnen Knaben als Fürsten geben und Verweichlichte werden über sie herrschen. Ebenso: Der Sünde des Volkes wegen viele Fürsten. So ist ohne Zweifel die drohende Macht der Türken und Moskaus eine Geissel Gottes, durch die er diese Welt ihrer vielen Verbrechen und Vergehen wegen züchtigt. Denn Gott ist reiner Geist, er hat grosse Abscheu vor allen Arten von Ungerechtigkeit und Missetat, die unter dem Abschaum dieser Welt kolossal gedeihen'.[55]

Typische Merkmale des zwölften Jahrhunderts sind der Aufschwung der Scholastik und der Investiturstreit.

Zum sovielsten Mal muss der Autor eine Aufzählung der fast unabsehbaren Anzahl kirchlicher Zeremonien geben: 'Deshalb müssen wir ein solches Durcheinander der kirchlichen Angelegenheiten – wohl sehr törichte – an dieser Stelle beschreiben, damit der Geist davor zurückschreckt. Wir bezweifeln auch nicht, ob der Leser von einem nicht geringen Ekel befangen wird. Für uns ist es aber aufgrund unseres historiographischen Ausgangspunktes notwendig, so viel wie möglich zu tun, damit wir nicht den Eindruck erwecken, bestimmte, uns nun einmal obliegende Tätigkeiten unterlassen zu haben'.[56] Eine interessante Erörterung bietet das Kapitel über die Schismata: 'Zur Zeit Christi begehrte keiner aus freiem Willen das apostolische Leben. Der Grund liegt auf der Hand: weil die Art des Lebens in keiner Hinsicht Bereicherung, Macht oder Vergnügen mit sich bringt, sondern vielmehr nur Mühe und Schmerz. Nachdem Christus aber zum Himmel aufgefahren und die Apostel gestorben waren, fing das römische Episkopat an, gewaltige Reichtümer zu erwerben und in Besitz zu halten. Viele trachteten nach der päpstlichen Spitze, weil diese ebenso Einnahmen wie Ehre mit sich brachte. Darum strebten sie mit Hinterhalt, Geld und Gewalt danach. Wenn wir auch jetzt über diesen bestimmten Zeitabschnitt reden, das Papsttum der römischen Kirche hat immer viele Aspiranten gehabt, die mit Verbrechen, Magie und Geldspenden, Gewalt, Schwert und Lanze und auf jede Weise versucht haben, das so beliebte Amt zu bekommen. Was aber die apostolische Aufgabe anbelangt, die aus der Pflicht besteht, durch die Welt zu ziehen und heidnische Völker zum Glauben an Christus zu bekehren, so ist klar, dass man sich darum sehr wenig gekümmert hat'.[57]

Auch Bernhard von Clairvaux entkommt nicht der scharfen Kritik: Unter seinen 'opera mala et superstitiosa' können wir lesen: 'Auf Befehl des Papstes in Rom predigte er 1147 in Deutschland, dass ein Zug nach Jerusalem unternommen werden sollte, (den die Geschichtsschreiber das Kreuz-Predigen nennen) um ihre Brüder zu befreien oder damit sie ihr Leben für das ihrer Brüder geben sollen zur Busse und Vergebung der Sünden. Lib. 3. cap. 4. in Vita Bernhardi'.[58]

Und später noch diese Kritik: 'Merkwürdig ist, dass in seiner Lebensbeschreibung zu lesen ist, dass er keine Feinde gehabt hat. Christus selber bezeugt, dass ihm und seinen Jüngern das nicht zuteil wurde: Ihr werdet um meines Namens willen bei allen Menschen verhasst sein. Lib. 3. cap. 15'.[59] Als einziger Ketzer wird Abélard erwähnt. Das Kapitel über die weltliche Geschichte berichtet von den wiederholten Versuchen der Türken, ihre Macht wieder herzustellen, von inneren Streitigkeiten in Konstantinopel und im Westen vom Streit um die päpstliche Macht.

Die dreizehnte Zenturie zeigt dasselbe Bild des Verfalls. Es kommt aber noch ein Faktor hinzu: nämlich die geistliche Verwirrung, die die Scholastik verursacht hat. Aber auch diese geistliche Sonnenfinsternis ist nichts anderes als ein Fingerzeig Gottes: 'Es ist die Mühe wert, das in der Geschichte zu sehen und zu erwägen, damit der Zorn Gottes erkannt wird, wenn er das Licht der Wahrheit der Sünde der Menschen wegen wegnimmt. Dann lässt er zu, dass die Menschen, gleichsam getäuscht von einem Labyrinth der verschiedenen Meinungen, sodass auf dem Gebiet des Gottesdienstes nichts sicheres gilt, keinen einzigen Halt haben, auf den sie ihr Gewissen stützen können, während andere eben versuchen, die Klarheit und Reinheit des Wortes Gottes zu vergrössern und zu schützen. Zwar lehrt die profane Geschichte, dass Gott die Übeltaten von Hoch und Niedrig in dieser Welt nicht ungestraft lässt, aber die heilige Geschichte warnt ausserdem noch davor, dass Abfall, das ist Abweichung von der rechten Verkündigung Gottes, Verschwörung mit Verdorbenen und Gemeinschaft mit unwahren Kulten noch viel schwerer von Gott bestraft wird'.[60] Mit den unendlichen Disputen der Scholastiker holte man das Trojanische Pferd herein, wobei man fragen muss: 'Wie könnte der geblendete Aristoteles die Sache des Wortes Gottes erleuchten?'[61] Bei einer Schilderung der Beeinflussung des Dogmas durch die scholastische Denkart wird das nicht schmeichelhafte Bild der Quelle Israels benutzt, die durch viel Schlamm verunreinigt worden ist.[62]

Inzwischen finden die Kreuzzüge statt: 'Ausserdem wird die Expedition nach dem Heiligen Land von den römischen Bischöfen mehr mit grosser und forcierter Gewalt aufgezwungen, als das aus Überzeugung geschieht. Was die kirchlichen Monarchen im Auge haben, leidet keinen Zweifel: nämlich die Ausdehnung ihrer kirchlichen Macht'.[63] Eine unzulässige Neuerung ist auch der Jubiläums-Ablass. Das Urteil über Innocenz III ist deshalb sehr streng: 'Seine Verwaltungsarbeit ist von der Art, dass, wenn man sie mit der Norm des Wortes Gottes vergleicht, man ihn gerechterweise einen Satansknecht und Antichristen nennen kann. Mit Verachtung des strengen Befehls Gottes, den König zu ehren, hat er wie ein Wilder gegen den König Philipp getobt'.[64] Bei der ausführlichen Beschreibung von Franziskus von Assisi fehlt es nicht an heftiger Kritik an seinen 'opera ridicula, stulta, superstitiosa, monastica'.[65]

Wie wir schon vorher erklärten, konnte die Geschichtsschreibung infolge verschiedener Umstände nicht ganz bis zur eigenen Zeit fortgesetzt werden.

B. THEOLOGISCHE MERKMALE

DER CHRISTOZENTRISCHER AUSGANGSPUNKT. Die Autoren der Ecclesiastica Historia betonen nicht allein den kirchlichen Charakter ihrer Geschichtsschreibung, sondern legen selber auf den wohlumschriebenen christozentrischen Ausgangspunkt ihrer Arbeitsmethode grossen Wert. Schon im Titel des Werkes kommt zum Ausdruck, dass die Geschichtsschreibung einen zusammenfassenden Einblick in die reine Gestalt der Kirche Christi vermitteln möchte. Schon bald, bei der Rechtfertigung des angewandten Methodus, erwähnen sie, dass sie nicht nur der Kürze wegen bestimmte Perioden ganz ausser Betracht gelassen haben, sondern dass das unmittelbar mit der endgültigen Absicht des ganzen

Werkes in Zusammenhang steht, ein so klar wie mögliches Bild der Herrschaft Christi zu geben.[66]

Es ist gerade die Schwäche anderer Methoden der Historiographie, dass sie nicht dazu kommen konnten, sich die so notwendige Beschränkung auf das Wesentliche auf zu erlegen. Gerade da fühlt man sehr deutlich, dass andere Geschichtswerke 'nimis generaliter', zu viel auf der allgemeinen Ebene schreiben. Die 'biographischen' Geschichtsschreiber bieten auch einmal zu viel und einmal zu wenig an, wodurch ein unübersichtliches Ganzes entsteht, das sogar von intelligenten und scharfsinnigen Lesern nur schwerlich richtig beurteilt werden kann. Dieses Geschichtswerk möchte etwas ganz anderes. Es will ein klares Bild der Kirche Christi geben, gewissermassen wie auf einem Gemälde abgebildet. Dann müssen nicht nur nach aussen scharfe Grenzen gezogen werden, sondern es ist ausserdem sehr wichtig zu bestimmen was innerhalb des zu behandelnden Stoffes die bedeutendste Stelle einnehmen muss. Wenn wir so vorgehen, kommt wie von selbst die Lehre in den Mittelpunkt, denn die Taten Gottes, um die es sich hier schliesslich drehen wird, bestehen doch nach dem Urteil aller Rechtschaffenen vor allem in der Lehre.[67]

Wenn wir uns näher in den Prozess der Entfaltung der Offenbarung vertiefen, dann stellt sich heraus, dass sich diese Lehre strickt christozentrisch erweist: Christus hat die reine Gestalt der Lehre konstituiert: 'Darum kam ja der eingeborene Sohn aus dem Schoss des Vaters hervor, damit er den Menschen die himmlische Wahrheit, die Gott und seinen Willen betrifft, offenbaren würde. Das tat er zuerst im Paradies, danach erneuerte er es für alle Jahrhunderte und verdeutlichte die Lehre teils direkt, teils indirekt. Schliesslich diente er am meisten dem ganzen menschlichen Geschlecht, nachdem er im Fleische gekommen war, durch den Dienst des Wortes und die Erfüllung des Gesetzes. Man braucht dann nicht zu zweifeln, ob Christus die vollendete Gestalt der Lehre zusammengefasst und konstituiert hat. Diese Lehre muss dann nach seinem Willen in Ewigkeit gehört und unversehrt heilig gehalten werden, wie auch der himmlische Vater die Stimme aus dem hohen Himmel erschallen liess: "Gehorcht ihm".'[68]

Das klare Hervortreten-Lassen dieser christozentrischen Lehre war die einzige Richtschnur beim Schreiben dieses Geschichtswerkes. Die Autoren haben immer nach dem gesucht 'was Christum treibt', weil nur das von wesentlicher Bedeutung in der Geschichte im allgemeinen, in der Kirchengeschichte im besonderen und nicht weniger im persönlichen Leben jedes Menschen ist. Bei der Wahl des christozentrischen Ausgangspunktes wurde der Zusammenhang zwischen der Geschichte der Taten Gottes und der Lebensgeschichte jedes einzelnen Gläubigen bestimmt nicht aus dem Auge verloren. Das zeigt sich gerade aus der Argumentation zur Bekämpfung der anderen Geschichtsschreiber, die sowohl nach Form, als auch nach Inhalt zu wenig an das dachten, worauf es im persönlichen Leben gerade ankommt. Die anderen Geschichten, so lautet der auf das persönliche Leben abgestimmte Vorwurf, sagen gar nichts über das, was für einen Menschen das Wichtigste ist: die Vergebung der Sünden und die von Christus uns zugerechnete Gerechtigkeit.[69]

Die Autoren der 'Historia Ecclesiastica' waren sich bewusst, dass mit der veränderten Theologie der Reformatoren auch ein neues Geschichtsbild an die Reihe kommen würde. Aus der deutlichen Beschreibung der Prinzipien ihrer Geschichtsschreibung zeigt sich, dass sie die neuen Ausgangspunkte dort gesucht haben, wo sie nach reformatorischen Verständnis gesucht werden mussten: im Bekenntnis einer Christonomie. Auch vom Herrn der Geschichte gilt das Bekenntnis: 'Er heisst Jesu Christ, der Herr Zebaoth, und ist kein anderer Gott, das Feld muss er behalten'.[70]

DER BEGRIFF 'DOCTRINA'. Dass die Übersetzung des Wortes 'doctrina' nicht immer eine einfache Sache ist, ist ein Thema, das bei J. Koopmans in einem Artikel über die Schwierigkeiten der Übersetzung des Titels einer Abhandlung Augustins 'De Doctrina Christiana' besprochen wurde.[71]

Darin weisst der Verfasser darauf hin, dass, wenn auch ein Vorzug für eine bestimmte Wahl sicher möglich ist, das Wort doch ein ganzes Gebiet umfasst, das sich mit vielen Nuancierungen übersetzen lässt. Er nennt: die Lehre, den Unterricht, die Wissenschaft, das Predigen, die Katechese.

Bei der Analyse des Begriffes in den Magdeburger Zenturien werden wir vor dieselbe grosse Wahl der Möglichkeiten gestellt. Ein Blick auf den in allen Teilen wiederkehrenden Methodus zeigt, dass in den Zenturien das Kapitel 'De Doctrina' ausserordentlich viel Platz einnimmt. Darin liegt schon ein Hinweis, dass wir gut daran tun werden, die nähere Bedeutung dieses Begriffes zu untersuchen. Es ist nicht Schwierig das ganze Werk 'doktrinär' zu titulieren, aber von grösserem Wert ist es, hinter dem Wort die verschiedenen Inhalte, die damit bezeichnet werden, ausfindig zu machen.

Bei der Unterscheidung der verschiedenen Interpretationen lassen wir uns von den verschiedenen Weisen führen, in denen das Wort im Verlauf des Werkes gebraucht wird. Wir begegnen dem Wort an erster Stelle als Überschrift des in allen Zenturien wiederkehrenden vierten Kapitels. Es hat dort die Bedeutung von 'Lehre', nämlich wie diese in den unterschiedlichen Artikeln des Glaubens dargelegt worden ist und wie sie nach bestimmten festen theologischen Loci behandelt wurde. Auf die Aufzählung und Erklärung der Glaubensartikel folgen Betrachtungen über die Personen, über den Menschen, die Sünde, das Gesetz, das Evangelium und die Kirche. Das ist also der Begriff 'Lehre' nach dem üblichen theologisch-kirchlichen Gebrauch.

Es gibt auch Stellen, die den Begriff dem Wort 'Predigen' sehr nahe bringen. Bei der Darstellung des Ursprungs der Doctrina weisen die Autoren auf diejenigen, die diese Lehre noch vivo ore weitergegeben haben.

Es ist die erhabene Aufgabe des heiligen Geistes, dass er die wahre Lehre durch die Organe der Kirche ausspricht.[72]

Auch wenn die Autoren die Kirche als die Schar derer bezeichnen, die der aufrichtigen evangelischen doctrina anhängen, sind wir nicht weit von dem entfernt, was man mit 'Predigen' oder 'Verkündigen' andeuten kann.

Zwischen dem äussergewöhnlich grossen Umfang des 4. Kapitels eines jeden Teiles und dem Inhalt besteht ein Zusammenhang, der in der Erklärung zum Methodus zu erkennen ist, die darauf hinweist, dass die Doctrina nicht nur ein bestimmter Teilbereich innerhalb der Kirche ist, sondern ihr 'interior et propinquior forma ac ratio'.[73] Die Doctrina ist das Wesentlichste in der Geschichte der christlichen Kirche, an dem man nicht ohne Verzerrung der Verhältnisse vorbeigehen kann.

Hier möchten wir darauf hinweisen, welch einen vorherrschenden Platz diese durch Christus konstituierte Lehre in der Entfaltung der Offenbarung einnimmt, ja, wie man sogar von einem Zusammenfallen der Doctrina mit dem Sein Christi sprechen kann. Wir dürfen dabei nicht zuviel an nur ein für alle Zeiten festgelegtes theoretisches Dogma denken: diese Doctrina umfasst alle Handlungen der Kirche Christi. Die Beschreibung dieses allesbeherrschenden Zeitraumes ist dann auch nicht, so wie manche zu Unrecht meinen, nur Exegese oder Kommentar, sondern in der Wiedergabe der Doctrina spiegelt sich das Handeln Gottes wieder. Wenn wir nach einem Begriff suchen, in dem alle bis jetzt erwähnten Funktionen des Gebrauchs von 'Doctrina' in den Magdeburger Zenturien enthalten sind, dann kommen wir zu einer Umschreibung, die folgendermassen aussieht: 'Verkündigung der Christonomie'. Ihr Anfang liegt ja immer in der Offenbarung in Christus. Hier vollzieht sich die himmlische Offenbarung der Wahrheit hinsichtlich Gottes und seines Willens.

Diese Verkündigung ist doch ganz besonders 'forma ac ratio Ecclesiae'. In der erwähnten Umschreibung spiegeln sich auch die beiden Momente wieder, die, wie aus den verschiedenen Texten hervorgeht, hier im Begriff Doctrina enthalten sind; einerseits die Charaktermerkmale der Mitteilung der Wahrheit (hört ihn) und darin inbegriffen alle Aspekte wie Glaubensartikel, Lehrmitteilung und Katechese, anderseits die Charakterzüge einer bestimmten Handlung, eines Ereignisses: in der Verkündigung der Christonomie vollzieht sich gleichsam das Handeln Gottes. Sofern der Doctrina ihrer vielseitigen Bedeutung nach Recht widerfährt, manifestiert sich die Kirche nach ihrer forma ac ratio. Dann offenbart sich ihre wirkliche Gestalt und vollzieht sich für den einzelnen Gläubigen die Realisierung seines typischsten Christ-Seins in der Vergebung der Sünden und der durch den Glauben an Christus zugerechneten Rechtfertigung. Wenn wir verfolgen, auf welche Weise die Tätigkeit Christi in der Beschreibung der Entfaltung der Offenbarung gedacht ist, dann sehen wir, dass sich zwischen Christus, der Kirche und den Gläubigen eine gewisse Konsubstantiabilität innerhalb der Herrschaft der Doctrina manifestiert, während ausserhalb des Bereichs dieser Doctrina von einer Konsubstantiabilität keine Rede sein kann. Doch ist diese Doctrina nicht nur für die Kirchengeschichte, sondern auch für die Weltliche Geschichte von grundlegender Bedeutung. Besonders in der Kritik, die wir hinsichtlich der anderen Historiographien hier antreffen, kommt dies zum Ausdruck. Diese Kritik schlägt vor allem darauf, dass jene keinen klaren Einblick in ihre Weise der Geschichtsschreibung in den prinzipiellen Fragen geben. Ihr Mangel an Einsicht in das Wesen der Doctrina offenbart sich vor allem darin, dass sie einem Menschenbild huldigen, das sich in nichts von einer nicht-christlichen Anschauung unterscheidet. Ihr Menschenbild ist viel zu allgemein, es ist nicht die Rede von Wiedergeburt und Glaube. Die anderen Bedenken gegen die früheren Geschichtsschreiber sind nichts anderes als die Konsequenzen aus den wichtigsten Beschwerden, dass sie die Doctrina coelesta nicht genügend verstanden haben: darum behandeln sie viele Fragen zu oberflächlich, bringen ein verwirrtes Gewebe von Zuviel und Zuwenig und behandeln die ernsthaften Probleme nicht in einer für den Leser genügend verständlichen Art und Weise.

Innerhalb der Problematik der Prinzipien der Geschichtsschreibung wiederholen die Autoren der Magdeburger Zenturien mit eigenen Worten die Anschauung von Paulus aus I. Cor. 2: 'Denn ich hielt mich nicht dafür, dass ich etwas wüsste unter euch, als allein Jesus Christus, den Gekreuzigten'. Gegenüber der Vagheit, von der aus andere Geschichtsschreiber ihre Arbeit angefangen haben, stellen die Autoren der Zenturien die einzige Richtschnur auf, eine deutliche Auslegung der Geschichte Jesu Christi zu geben. Die nicht unmittelbar darauf bezogene Geschichte fehlt zwar nicht ganz, aber sie wird doch nur 'zusätzlicherweise' erwähnt-darin werden, sei es auch nur indirekt, die Beweise von Gottes Güte und Zorn sichtbar. Das Bild vom Stellenwert der Doctrina im Ganzen der Geschichte kann jetzt einigermassen klar werden.

Christus offenbart den Menschen die himmlische Wahrheit. Er hat die Doctrina konstituiert. Diese wird vom Heiligen Geist durch die Organe der Kirche erhalten und verbreitet. Innerhalb der Sphäre dieser Doctrina vollzieht sich das eigentliche Handeln Gottes, an dem der Einzelne durch den Glauben in der zuerkannten Rechtfertigung Teil hat. Das Ziel dieses Geschichtswerkes ist nun, die Herrschaft Christi nach seiner ruhmreichen Himmelfahrt, so gut wie möglich hervortreten zu lassen.[74] Das stimmt jetzt gut mit unserer Definition der Doctrina = Verkündigung der Christonomie, überein. Diese Doctrina scheint auch der konstante Faktor inmitten des Weschsels in der Gerichte zu sein. In der Verteidigung des Methodus wiesen die Autoren darauf hin, dass sich gerade durch diesen unveränderlichen Methodus die vollkommene Übereinstimmung der Doctrina in den verschiedenen Perioden deutlich zeigt. Die Entdeckung der grossen Unveränderlichkeit in der Geschichte ist gerade einer der Reize dieser Methode der Geschichte für die Gläubigen.[75] Es ist selbstverständlich, dass sich im Geschichtswerk das grösste Interesse auf die erste Zeit des Lebens Christi richtet: darin finden die Autoren die Norm, die Richtschnur, an der die weitere Entwicklung der Doctrina gemessen werden muss. Es ist dann auch nicht erstaunlich, dass unter den Eigenschaften der wahren Kirche der Gehorsam ein wesentlicher Faktor ist. An vielen Stellen scheint die Geschichte der Doctrina die einer wunderbaren Konservatio zu sein. Auch bei nicht direkt auf die Kirche bezogenen Ereignissen (z.B. die Einrichtung, dass die Kompetenz einen Kaiser des römischen Reiches zu wählen, bei den deutschen Fürsten liegt) ist die Beständigkeit davon schon eine Andeutung der göttlichen Zustimmung zu diesem Entschluss.[76]

Diese Beständigkeit spiegelt sich auch im Benehmen derer wieder, die zur Kirche gehören: innerhalb der Kirche herrscht kräftige Ordnung und die Leute sind bescheidener als ausserhalb der Kirche.[77] Die Kontinuität der Doctrina ist auch von der Weise bestimmt, in der sich an uns Menschen die Offenbarung vollzieht. Die fortwährende Übereinstimmung der Lehre, über die sich Autoren und Leser so freuen können, ist nämlich keine starre Kontinuität. Die Autoren konnten selbst sagen, dass die Taten Gottes und die Taten der Kirche hauptsächlich in der Lehre bestehen, wobei wir dann bei der Doctrina an die Verkündigung der Christonomie denken müssen.

Nachdem Christus diese Doctrina konstituiert hat, ist es jetzt die Aufgabe des Heiligen Geistes, der auch die Bekehrung in den Herzen der Gläubigen bewirkt, diese Doctrina zu 'conservare': 'Der Heilige Geist ist die dritte Person der Gottheit, nach Rang geschieden von Vater und Sohn und aus Vater und Sohn hervorgekommen: der gesandt wurde, damit er in der Kirche den Dienst der Verkündigung der Lehre (docendi) unterstützen und in den Herzen der Menschen wohnen kann, ihre Wiedergeburt bewirkt, an Heiligkeit, geistlicher Rührung, Trost und Leben teilgibt und sie dazu anspornt. Er leidet den Dienst, bewacht, überliefert und verbreitet die wahre Lehre und zwar durch Vermittlung: nämlich durch die aufrichtigen Doctores der Kirche.'

In Joh. 14 wird er Geist der Wahrheit genannt, was mit den Worten erläutert wird: 'Er wird sie alles lehren und an alles erinnern, das ich euch gesagt habe'. Deshalb bringt er keine Dinge, die der Lehre Christi fremd sind. Joh. 15, 6: 'Der wird von mir zeugen'. Joh. 16, 8: 'Er wird die Welt strafen um die Sünde und um Gerechtigkeit und um das Gericht'. Der Heilige Geist bewirkt deshalb das wahre Sündenbewusstsein und die ganze heilbringende Bekehrung. Wenn nun der Heilige Geist selber durch die heilbringenden Organe der Kirche die wahre Lehre verkündet und verbreitet, was könnte dann noch Erhabeneres gesagt werden? Wer wird an ihrer Wirksamkeit zweifeln?'.[78]

Kontinuität und Veränderlichkeit der Doctrine grenzen in der persönlichen Ebene aneinander. Hier bricht auch die Freiheit hervor und das stimmt gut mit dem überein, was wir im Geschichtswerk über die Freiheit finden: 'Der erste und wichtigste Grad der christlichen Freiheit ist die Befreiung von der Sünde, vom Zorn Gottes, der Verurteilung, die Vergebung der Sünden um nichts, die Befreiung vom Gesetz, die durch das Leiden Christi dem Menschen verschafft wurde, die Rechtfertigung, die wir im Glauben an den Verdienst Christi erworben haben'.[79] Hier realisiert sich die Verkündigung der Christonomie. Hier wird die ganze Konstante im Lauf der Geschicht ausserdem höchst aktuell und real. Im Geschichtswerk zeigt sich übrigens immer wieder, dass die Doctrina in einer direkten Verbindung mit den Gläubigen gesehen wird.

Die Doctrina ist in den Magdeburger Zenturien nicht ein abstraktertheoretischer Begriff. Immer ist sie in lebendigem Verband mit den Gläubigen. Die Autoren betonen nachdrücklich, dass ihre Weise der Geschichtsschreibung dem entgegenkommt, was gläubige und fromme Menschen verlangen, die Autoren richten sich immer an die einzelnen Gläubigen. Das kommt auch bei der Verteidigung der hier befolgten Methode zur Sprache. Der Farblosigkeit anderer Geschichtswerke gegenüber wird hier der persönliche Charakter dieser Historiographie gründlich unterstrichen: es dreht sich darum, dass 'die Ereignisse, die von grösster Bedeutung sind, vom frommen und aufmerksamen Leser erkannt, verstanden und im Acht genommen werden können'.[80] An mehreren Stellen weisen die Autoren darauf hin, dass es ein Verdienst des Werkes ist, dass es den Lesern ermöglicht, wichtige und weniger wichtige Dinge zu unterscheiden. Das gehört natürlich auch zur apologetischen Aufgabe, die das Werk zu erfüllen hat, aber es ist ebensosehr eine Folge der wesentlichen Verbindung zwischen der Doctrina und dem Glaubensleben des Lesers. In diesem Zusammenhang können wir auch auf die Kritik hinweisen, die Flacius der Scholastik gegenüber übt. Sie ist eine 'akademische' Theologie, die durch ein Labyrinth verschiedener Meinungen der Menschen jeden Halt nimmt, während sie an einer klaren Verkündigung der Doctrina gerade Halt haben könnten. Zusammenfassend kommen wir zur Ansicht, dass die Verkündigung der Christonomie in den Magdeburger Zenturien die persönliche Richtung hat, die den Begriff 'Verkündigung' vom Begriff 'Lehre' unterscheidet.

Der nicht rein theoretisch-dogmatische Charakter des Begriffs Doctrina zeigt sich ebenfalls aus dem Charakter der Begrenzung dieses Begriffs. Wenn man den Nutzen der klaren Darlegung der Doctrina nicht einsehen kann, beweist das nicht nur einen Mangel an gesundem Verstand, sondern auch einen Mangel an Frömmigkeit. Die Unwissenheit in Sachen Doctrina hat vor allem in der luxuriösen und machtgierigen Lebensführung ihren Grund. Sie hat also nicht so sehr in einem Kenntnis-Moment ihren Grund, als vielmehr in einem bestimmten ethischen Zustand. Wir sahen oben welch vielumfassender Inhalt mit dem Wort Doctrina in der 'Historia Ecclesiastica' angegeben ist. Das Beste scheint uns daher, Doctrina mit 'Verkündigung der Christonomie' zu übersetzen, und sie dabei mit den verschiedenen Aspekten zu verstehen, die wir bei unserer Untersuchung vorfanden.

DIE CHRISTOZENTRISCHE BESTIMMTHEIT DES GOTTESBEGRIFFS UND DER PNEUMATOLOGIE. Mehrere Stellen im Werk markieren den christozentrischen Charakter der diesem Werke zugrunde liegenden Theologie. Die Offenbarung, so sahen wir gerade, vollzieht sich wie eine Entfaltung und ein Bewahren der Christonomie. Über den Gottesbegriff vernehmen wir bei der Besprechung der Entfaltung der Offenbarung das Folgende: 'Gott ist seinem Wesen nach geistlich, verstehend, ewig, wahrhaft, gut, rein, barmherzig, ganz frei, von unsagbarer Macht und Weisheit: der Vater, der von Ewigkeit her seinen Sohn gezeugt hat; der Sohn, der von Ewigkeit her aus dem Vater geboren und in einer vorher bestimmten Zeit Mensch geworden ist; der Heilige Geist, hervorgegangen aus Vater und Sohn, eins im Wesen, drei in der Person, der Schöpfer und Ernährer aller Geschöpfe, der durch den Dienst des Wortes alle Zeiten hindurch seine Kirche zusammenführt und heiligt; durch welche dieser einzige und wahre Gott in diesem und im zukünftigen Leben erkannt und gefeiert wird'.[81]

Unter den Umständen, unter denen Gott den Menschen den Gebrauch dieses Lebens gegeben hat, nehmen die Verehrung Gottes und der Unterricht in der wahren Doctrina eine zentrale Stelle ein.[82] Wenn wir im Geschichtswerk ab und zu ein Handeln Gottes erwähnt finden, ohne dass dabei gleich die Offenbarung Christi zur Sprache kommt, dann geschieht das meistens an Stellen, wo Gottes Zorn oder Wut zum Ausdruck kommt. In der politischen Geschichte offenbart sich Gottes Güte durch die Erhaltung eines Restes, sein Zorn im Zusammensturz verschiedener Reiche. Was viele Menschen für blinden Zufall halten ist nichts anderes, als die strafende Hand Gottes. Die Herrscher der Völker existieren entweder auf Grund des Zornes oder auf Grund der Gnade Gottes. Vor allem im Mächtigwerden Roms und der Türken muss man ein Zeichen des Zornes Gottes sehen. Die profane Geschichte, so können wir zusammenfassend feststellen, zeigt hauptsächlich die strafende Hand Gottes.[83]

In den vorigen Betrachtungen über die Doctrina sahen wir schon aus den dort erwähnten Stellen über die Tätigkeit des Heiligen Geistes, dass diese Tätigkeit sich auf das erstreckt, was in der Offenbarung in Christus gegeben ist. Die Wirksamkeit des Heiligen Geistes manifestiert sich in der Geschichte auf zwei Weisen: in der Verkündigung der Lehre und in der Bekehrung der Gläubigen. Dieselben Momente, die wir bei der Analyse des Begriffes Doctrina unterscheiden konnten, finden wir auch hier wieder in der Tätigkeit des Heiligen Geistes: nämlich das auditive Kenntnis-Moment: die Verkündigung der Lehre und ein fortwährend auf das persönliche Leben bezogenes Geschehen: die Realisierung der Christonomie im Leben des Gläubigen. Wenn wir im Vorhergehenden den Begriff Doctrina als Verkündigung der Christonomie umschrieben haben, dann können wir bemerken, dass in dieser Doctrina auch eine Theonomie und eine bestimmte Pneumatonomie beschlossen liegen, aber so, dass neben Gottes Offenbarung in Christus nur von Gottes Sichtbar-Werden als dem zürnenden Gott die Rede ist, oder, wenn man diesen Widerspruch benutzen kann, von einem Sichtbar-Werden als Deus absconditus; während die Pneumatonomie vor allem die Funktion einer bewahrenden Macht hat, von der die weitergehende Wirkung vor allem in der persönlichen Ebene gesehen werden muss.

DAS MENSCHENBILD. Für ein klares Bild des Funktionierens der Christonomie in diesem Geschichtswerk ist es von Bedeutung, dass wir näher auf das Menschenbild eingehen, das mit der hier behandelten theologischen Konzeption gegeben ist. Zwecks einer prinzipiellen Betrachtung über den Menschen, knüpft der Autor beim Gleichnis des barmherzigen Samariters an und sagt darüber folgendes: 'Schliesslich stellt Christus uns in einem einmaligen Bild die beklagenswerte Lage aller Menschen vor Augen, anhand des Reisenden, der zu Beginn gesund und unversehrt mit schönen Kleidern und Schmuck aus Jerusalem verreiste. Aber in der Nähe von Jericho überwältigen ihn furchtbare Räuber, seine Kleider werden gestohlen und er wird tödlich verletzt und stirbt fast. Während er vom Priester, das ist das Gesetz, im Stich gelassen wird, reisst ihn der Samariter, das ist Christus selber, aus den Armen des Todes und gibt ihn dem Leben wieder. So sind die Menschen, gesund und gut, von Gott mit vorzüglichen Qualitäten beschenkt, in die Welt gesetzt, ja, sogar ins Paradies. Danach hat der Teufel sie angefallen und ihnen die besten Gaben gestohlen: Gerechtigkeit und Reinheit, und ihnen tödliche Verletzungen beigebracht. Das wäre unser aller Schiksal gewesen, wenn nicht dieser Samariter Jesus Christus alle durch das Vergiessen und Verschütten seines Blutes geheilt hätte. Der Mensch vertritt wahrlich den Acolastitypus, der zuerst gut ist, aber dann durch eigene Schuld degeneriert. Schliesslich wird er aus Mitleid wieder zurückgeholt. Daher auch die Gleichnisse des verlorenen Schafes und des verlorenen Groschen, die nicht aus freiem Willen und aus eigener Kraft wieder gefunden werden, sondern mit der Hilfe eines anderen'.[84] An einer anderen Stelle finden wir dieses Bild: 'Ein klares Beispiel gibt auch der Räuber, der mit Christus am Kreuz hing. Es gibt keinen Zweifel, dass durch einen wunderbaren Entschluss Gottes aus diesem Leiden Christi selber ein Beispiel wird und die Gestalt der Rechtfertigung in der auf besondere Weise die Früchte des Verdienstes Christi illustriert werden, der ganzen Welt gezeigt wird. Keiner wird nämlich auf eine andere Weise gerechtfertigt als dieser Räuber. Es ist Christus, der ihn annimt und rechtfertigt mit dem Blut, das aus seinem verwundeten und durchlöcherten Körper fliesst'.[85] Es ist verständlich, dass die Autoren von diesem Menschenverständnis her, gegen die Art und Weise, wie andere Historiographen ein Menschenbild gezeichnet, haben, prinzipielle Bedenken haben. Es ist weiterhin verständlich, dass bei dem hier geschilderten Menschenbild das Wesentliche der christlichen Freiheit die Befreiung von der Sünde und die Rechtfertigung durch den Glauben zu sein scheint. Das Menschenbild, wie wir es hier finden, beschränkt sich auf einen strikt soteriologischen Aspekt. Kosmologische und biologische Aspekte kommen nicht zur Sprache.

Die Sicht auf den nicht-christlichen Teil der Menschheit finden die Autoren durch die paulinische Auffassung hierüber genügend vertreten: Paulus scheint die beste und gleichsam allgemeine Definition des Heidentums in Worte gefasst zu haben, wenn er im ersten Kapitel des Römerbriefes lehrt, dass sie Gott aus den Werken der Schöpfung gekannt haben, aber ihn nicht als Gott geehrt haben; jedoch die Majestät des unvergänglichen Gottes haben sie ersetzt durch diejenige, die dem Bild des vergänglichen Menschen, der Vögel, der vierfüssigen und kriechenden Tiere gleicht.[86]

Konsequenzen für die Geschichtsschreibung

1. *Das fehlen der antiken Geschichte.* Wir sahen, dass in der Einleitung schon angegeben war, dass das Werk aus praktischen und prinzipiellen Gründen mit dem Leben Christi beginnt. Damit ist sofort jeder Anlauf zu einer Beschreibung der antiken Geschichte als Vorgeschichte des Christentums ausgeschlossen. Das besagt jedoch nicht, dass wir nirgends etwas über diese Geschichte finden. Bruckstückhaft begegnen wir hie und da einigen Angaben aus der Geschichte an einer Stelle im Methodus, die zeigt, dass auch hier mit einem strikt theolo-

gischen und christozentrischen Aufbau gerechnet wird.

Die jüdische und antike Geschichte finden wir im vierzehnten und fünfzehnten Kapitel, die respektive über 'De rebus Iudaicis seu politicis' und 'De aliis religionibus extra Ecclesiam Christi, ut Iudaismo et Gentilismo' handeln. Die jüdische Geschichte geht also immer vor, nach der paulinische Regel: zuerst der Jude und dann der Grieche.

Dieser Aufbau scheint zu zeigen, dass hier in der Geschichte für ein Kontinuitätzprinzip oder für ein organisches Wachstum der Geschichte, wie man diese in der römisch-katholischen oder spiritualistischen Geschichtsbetrachtung erwarten kann, kein Platz ist. Das Fehlen der antiken Geschichte hängt aufs Engste mit der christozentrischen Methode im Aufbau des Werkes zusammen. Die Kontinuität müssen wir nicht in einer organischen oder natürlichen Entfaltung der Geschichte suchen, sondern ausschliesslich in der Lehre.

2. *Die knappe Behandlung der weltlichen Geschichte.* Die weltliche Geschichte bekommt in diesem Geschichtswerk einen sehr untergeordneten Platz zugewiesen. Der Methodus bringt sie an letzter Stelle und in der Erläuterung und Erklärung zum Methodus betonen die Autoren nachdrücklich, dass die Behandlung der weltlichen Geschichte 'appendicis vice' geschehen soll, weil auch darin noch Beweise von Gottes Güte und Gottes Zorn sichtbar werden können. Diese Wiedergabe wird aber so sein müssen, dass nicht, wie bei anderen Geschichtswerken, das Angesicht der Christonomie dadurch weniger deutlich sichtbar wird. Dadurch erhält die weltliche Geschichte noch keine vier Prozent des Gesamtumfangs des Werkes zugemessen. Dieser forsche Eingriff in den Aufbau des Geschichtsbildes ist wohlbewusst und mit Überzeugung geschehen.

Diese Beschränkung hat eine ausdrücklich theologische Motivierung und wird darüberhinaus verständlich, wenn wir beim Aufzählen der Vorteile dieser Methode der Geschichtsschreibung erwähnt finden, dass die Übersichtlichkeit und Deutlichkeit des Wesentlichen ein vornehmer Punkt bei der Auswahl des Stoffes waren. Es bleibt an dieser Stelle noch eine Frage, ob der Autor durch die Behandlung der weltlichen Geschichte 'appendicis vice' nicht das, was von der theologischen Basis des ganzen Werkes her über die nichtkirchliche Geschichte hätte gesagt werden müssen, zu kurz kommen lässt. Diese Frage hoffen wir später noch zur Diskussion zu stellen.

3. *Der ausserordentlich Grosse Umvang des vierten Kapitels 'De Doctrina'.* Eine statistische Übersicht über das Verhältnis des Umfangs zwischen den verschiedenen Kapitelen zeigt uns, dass der Umfang des vierten Kapitels alle anderen übertrifft und ein Viertel bis ein Drittel vom Gesamtumfang des Werkes ausmacht. Es ist verständlich, dass man bei diesem Ausbau des Kapitels 'De Doctrina' die Frage gestellt hat, ob es noch möglich ist, vom ganzen Werk als einer Historiographie zu sprechen. Bei unserer Besprechung des Begriffes Doctrina plädierten wir für eine grosszügige Interpretation des Begriffs, in dem auch das Handeln (nämlich das Handeln Gottes) eingeschlossen sein muss. Es ist nichts anderes als eine Konsequenz des Ausgangspunktes, wenn in diesem Geschichtswerk dem Kapitel 'De Doctrina' ein solch ausserordentlich grosser

Judenverbrennung, aus H. Schedel, *Liber Cronicarum*, Nürnberg 1493. Universitätsbibliothek, Amsterdam.

Platz eingeräumt wird. In diesem Kapitel spielt sich das entscheidende Handeln in der Kirchengeschichte und in der individuellen Geschichte des Gläubigen ab. Der grosse Raum, den dieses Kapitel einnimmt, gibt sicher keine Verzeichnung und Abnahme der reformatorischen Geschichtsschreibung an.

Wohl müssen wir darauf hinweisen, dass bei der Ausarbeitung des vierten Kapitels durch die verschiedenen Jahrhunderte ziemlich der ganze Nachdruck auf dem Ausmahlen der zunehmenden Verdüsterung der ursprünglichen Lehre betreffs der Rechtfertigung des Menschen liegt.[87] Die Behandlung nach verschiedenen theologischen Loci gibt eine Anleitung zu einer bestimmten Abstrahierung der Geschichte. Das vierte Kapitel scheint vor allem aus einer Aufzählung von theologischen Meinungen zu bestehen, in dem das Bewusstsein, dass sich hier alles um das leuchtende Zentrum von Gottes Handeln in der Geschichte dreht, schwierig wiederzufinden ist. Es scheint eine bestimmte Parallele zu geben zwischen dem, was sich im vierten Kapitel vollzogen hat und dem Bild, das die Entwicklung der Reformation gezeigt hat: was ein leuchtendes Zentrum von Gottes Handeln sein müsste, nahm die Gestalt einer weltfremden Dogmatik an. Das vierte Kapitel gibt in vielen Fälle nichts anderes wieder, als die grosse Verschiedenheit der theologischen Äusserungen, mit denen Flacius wohl oder nicht seine Übereinstimmung bezeugt. Es wird dann zu einem enzyklopädischen Kompendium theologischer Dogmen. Doch bricht auch immer wieder das Bewusstsein durch, dass es sich hier um etwas dreht, was für eine bestimmte Periode von höchster Bedeutung ist, was in einer bestimmten historischen Situation Sein oder Nicht-Sein vor Gott bedeutet.

4. *Die biographische Methode wird bewusst verlassen.* Eine wichtige Konsequenz von Flacius' christozentrischem Ausgangspunkt ist das Verlassen der biographischen Geschichtsschreibung. Bei der Besprechung der Prinzipien hiess es: 'es sind, um es einmal so zu sagen, personales historici, sie bieten keine klare Auseinandersetzung mit den Prinzipien und Streitfragen'.[88] Durch die christozentrische Richtung dieses reformatorischen Denkens verlieren in Wirklichkeit die 'personalia' ihre Bedeutung. Wir müssen hier auf das Bild zurückkommen, das wir beim Menschenbild gezeichnet sahen. Wenn wir daran denken, dann verstehen wir, dass nach Flacius' Bewusstsein alle biographischen Einzelheiten, die die anderen Historiographen oft so übermassig aufführen, abgeleitet werden von dem einen, worauf es ankommt: der Mensch vor Gott und vor Christus. Man darf das Abweisen der 'personales historici' nicht interpretieren als eine dem erstarrten Dogmatiker eigene Abkehr von allem Interesse für den Menschen. Das Geschichtswerk vernachlässigt den Menschen sicher nicht inmitten der Geschichte, sondern es will ihn dort plazieren, wo er nach reformatorischem Verständnis allein seinen Platz haben kann und muss: vor der Freiheit eines Christenmenschen, dem ewiges Heil zugesagt wurde. Die Autoren wussten, dass die einseitige Weise der christozentrischen Geschichtsschreibung auf Wiederstand stossen würde. Sie weisen selbst darauf hin, dass viele mehr für die politische als für die Kirchengeschichte Interesse haben. Sie hatten sich aber zur Aufgabe gestellt, ein Geschichtswerk zu schreiben, das die neue Betrachtungs-

weise der Reformation beantworten würde. Von diesem Gesichtspunkt aus bedeutet das Verlassen der biographischen Methode nur ein Klarstellen der neuen Verhältnisse. Das auch Flacius nicht ganz von dem loskommen konnte, was leicht 'in oculos' kommt, zeigt sich aus dem Titel des zehnten Kapitels 'De vitis episcoporum, seu Methodus personalis', wo das von ihm verurteilte 'personalis' doch wider – aber dann auf kirchlicher Ebene – wiederkehrt. Man kann es auch eine Ironie der Geschichte nennen, dass nach dem vierten Kapitel dieser Methodus personalis das schlechthin umfangreichste Kapitel im ganzen Geschichtswerk geworden ist.

5. *Das bewusste Aufstellen der Prinzipien in der Geschichtsschreibung.* Welche Bedenken man auch gegen den Aufbau und die Ausarbeitung, wie wir sie in den Magdeburger Zenturien finden, haben möchte, die Autoren haben klar und deutlich die prinzipiellen Fragen, die beim Schreiben eines Geschichtswerkes auftauchen, gesehen und gestellt. Sie sehen es nachdrücklich als eine Schwäche anderer Historiographen an, dass sie keinen Zusammenhang zwischen dem, was sie beschreiben und den Prinzipien, die dem zugrunde liegen, hergestellt haben. Sie möchten sich nicht darüber aussprechen, ob diese Historiographen dazu nicht frei waren, oder, dass sie einfach kein Interesse dafür hatten, aber das Fehlen dessen ist in jedem Fall ein ernster Mangel.[89] Die Autoren stellen dagegen einen entschiedenen und wesentlichen Zusammenhang zwischen den Prinzipien der Geschichtsschreibung und dem zu behandelnden Stoff her. Dass es zum Stellen dieser prinzipiellen Fragen kommen konnte, hängt unserer Meinung nach mit der christozentrischen Richtung der Geschichtsschreibung zusammen. Auch wenn wir zum Ergebnis kommen sollten, dass die Durchführung der Prinzipien nicht immer ganz gelungen ist, dann bleibt es doch ein Verdienst der Autoren, dass sie die Frage nach dem Ausgangspunkt so deutlich gestellt haben.

DEFINITION DES KIRCHENBEGRIFFES. Der Abschnitt 'De Ecclesia' vermittelt uns klare Einsichten in den Kirchenbegriff, wie er im Geschichtswerk gebraucht wird: 'Wenn man den Stoff über dieses Dogma zusammenfasst, kann man die folgende Definition des Kirchenbegriffes zusammenstellen: Die Kirche ist in diesem Leben die sichtbare Schar derer, die der aufrechten evangelischen Lehre anhängen und von den Sakramenten rechten Gebrauch machen, die von Christus selbst eingesetzt wurden, in welcher Schar Gott durch sein Wort und seine Sakramente tätig ist, und dabei den Hörern Teil gibt an Bekehrung, Wiedergeburt und dem Höchsten Gut. In dieser Menge sind viele nicht heilig, obwohl sie in die wahre Lehre mit einstimmen!'[90]

Eine nähere Ausarbeitung zählt die folgenden wichtigsten Merkmale auf: 'Wir wollen nun betrachten, welche Kennzeichen Christus als Zeichen der Reinheit und Echtheit seiner Kirche zuerkannt hat: Davon ist das Erste und Vornehmste das aufrechte Wort, wie es von Christus geoffenbart und uns anvertraut wurde, aus dem die Kirche geboren wird und an das sie immer und unveränderlich gebunden ist. Daraus wird deutlich, dass das vornehmste Merkmal der Kirche Christi das Wort ist, unverfälscht von menschlicher Lehre. Ein anderes Kennzeichen, das Christus ihr zuerkannt hat, ist der rechte und legitime Gebrauch der Sakramente und der Schlüsselgewalt nach seiner eigenen Einsetzung. Das dritte Merkmal, durch das Christus wollte, dass seine Kirche glänzt und strahlt, ist das Bekenntnis, die Standhaftigkeit und die Ausdauer. Als viertes Kennzeichen nennt Christus für seine Kirche den Gehorsam ihrer Dienerschaft den Sachen gegenüber, die er selbst gelehrt und geheiligt hat. Dass die Macht der wahren Kirche geistlich ist, zeigt Christus damit, dass er ihr die Macht gegeben hat, denen, die Reue üben, Vergebung der Sünden zu schenken und diese denen vorzuenthalten, die keine Reue zeigen.[91] Ferner nennt das Werk die wahre Kirche: 'Eine kleine verachtete, vom Kreuz gezeichnete Gemeinde, die die aufrechte Lehre verkündigt, den rechten Gebrauch der Sakramente, die Gott bekennt mit wahrhaftigem Anflehen und Bekenntnis, in Erwartung der Verherrlichung im ewigen Leben'.[92] Noch eine andere Andeutung sagt es so: 'Das Wort Gottes zeigt ja deutlich, dass die Kirche Christi nicht nur eine Versammlung von Menschen ist, sondern die Schar der Wiedergeborenen (wenn auch viele in ihr nicht heilig sind, das will heissen, sie versagen in der Frömmigkeit), in der die wahre Stimme Gottes wiederklingt, wie sie in den Schriften der Propheten und Apostel überliefert worden ist und in denen die Sakramente auf legitime Weise befolgt werden. Auch in äusserlichen Dingen garantiert sie einen guten Namen, so wie sie mit göttlichen und politischen Gesetzen übereinstimmt. Schliesslich sind die Kennzeichen der wahren Kirchen nicht äusserliche Ruhe, Frieden und ein Überfluss an Besitz, sondern das aufrechte Wort Gottes, die nach Vorschrift befolgten Sakramente und das Bekenntnis der unverfälschten Verkündigung'.[93]

Demgegenüber hat die falsche Kirche ihre Kennzeichen: 'Die falsche Kirche ist die Schar derer, die das Wort Gottes und die Sakramente missbrauchen, die rechte Lehre verurteilen und verfolgen. In ihnen wohnt Gott nicht, wenn sie auch den Titel Kirche gebrauchen, sollen sie das Leben doch nicht erben, es sei denn, sie bekehren sich. Merkmale der falschen Kirche sind: Zerstörte Lehre, die Lehre, dass Christus im Innersten oder in der Wüste gesucht werden muss: das ist Christus an einen Ort binden. Zu lehren, dass wir Christus, das ist die Vergebung der Sünden, durch Einsamkeit in verschiedenen Orden oder durch das Beachten von bestimmten Traditionen erwerben können. Vom spirituellen Reich Christi ein weltliches Reich zu machen. Die falsche Kirche hat nämlich ein absonderliches Äusseres, was Ort, einflussreiche Personen, Macht, Gelehrsamkeit und Lebensheiligung betrifft. Das Ende der falschen Kirche ist der Zorn Gottes und körperliche Strafe'.[94] Wir finden hier mehrere Merkmale der Kirche beisammen, wie wir dies in der Zeit der Reformation erwarten konnten. Der organisatorische-institutionelle Aspekte fehlt hier ganz, die hier benutzten Begriffe beziehen sich ausschliesslich auf eine Glaubenswirklichkeit. An einer bestimmten Stelle heisst die Kirche nachdrücklich eine gemischte Schar: 'coetus mixtus'.[95] Eine Verabsolutierung nach der einen oder anderen Seite vermeidet dieser Kirchenbegriff so weit wie möglich. Vom Glauben her muss man diese doppelte Wirklichkeit akzeptieren. Wenn wir den verschiedenen Definitionen nachgehen, dann sind sie alle auf den Unterschied aber nicht auf das Getrennt-Sein der beiden Aspekte der kirchlichen Gemeinschaft bezogen. Es ist eine notwendige und lobenswerte Konsequenz, dass die Autoren eine deutliche Umschreibung der Kirche im Anschluss an den christozentrischen Ausgangspunkt des ganzen Werkes geben wollen. Denn mit diesem Kirchenbegriff bekommt die weltliche Geschichte ihre Stelle im ganzen zugewiesen. Man muss es dem so in kirchlichen Konflikten verstickten Flacius als Verdienst anrechnen, dass, wenn auch einige Male in der Terminologie die damalige Kirchenperiode durchscheint,[96] im ganzen Geschichtswerk eine nicht parteilich beschränkte reformatorische Beschreibung der Kirche zu finden ist. Dass die Plazierung der weltlichen Geschichte eine nicht geringe Problematik innerhalb dieser reformatorischen Beschreibung des Wesens der Kirche mit sich bringt, hoffen wir im weiteren klar zu machen.

DIE FUNKTION DES KIRCHENBEGRIFFES IN DER HEILSGESCHICHTE. Wir haben früher gesehen dass Flacius sich den Gang der Offenbarung so vorstellt, dass in Christus die Doctrina konstituiert ist. Von da aus beginnt die Christonomie und diese setzt sich in den Werken des Heiligen Geistes fort. Dieser hat zur Aufgabe, den Dienst der Kirche zu unterstützen und in den Herzen der Gläubigen die Wiedergeburt zu bewirken. Er erreicht so den Fortgang der Offenbarung, aber tut dies ausschliesslich durch die Organe der Kirche, in denen Gott von Ewigkeit zu Ewigkeit wirksam ist. Auch hier gilt: Ausserhalb der Kirche kein Heil. Die heilbringende Bekehrung wird auch durch die Kirche bewirkt.

Der neue reformatorische Akzent liegt aber darauf, dass diese Kirche sich nicht sichtbar ausweisen lässt als eine Schar von Heiligen. Auf der anderen Seite ist diese Kirche auch nicht in dem Sinne spirituell, dass sie kein einziges aufweisbares Kennzeichen hätte. Die verschiedenen Kennzeichen der Kirche finden wir ja immer wieder angegeben. Der eigene Charakter der Kirche kann nur im Glauben gesehen werden, wie auch die Christonomie nur im Glauben gesehen werden kann. Die Kirche ist zugleich Offenbarung der Christonomie in Herrlichkeit und in Verborgenheit. Die Welt und ihre Obersten entstellen diese Kirche Christi auf abscheuliche Weise, aber das bedeutet nicht, dass sie vor Gottes Angesicht verunstaltet ist. Erst wenn Christus selbst als Reformator der Kirche am Ende der Zeiten erscheinen wird, wird die Würde, der Ruhm und die Ehre der kleinen Herde Christi sichtbar werden.[97] Bis dann ist die Kirche zwar nicht von der Welt, sondern immer in der Welt, als 'coetus mixtus' nicht aufweisbar von der Welt zu trennen. Diesem ambivalenten Charakter des Kirchenbegriffes begegnen wir im Geschichtswerk immer wieder. Manchmal nähert sich das über die Kirche Gesagte sehr stark der Umschreibung vom Regnum Christi, wenn wir z.B. lesen: 'Das Reich Christi ist keine weltliche Herrschaft, sondern eine geistliche Versammlung, Führung und Erhaltung der Kirche, wie die Apostel lehren'.[98]

Aus der Stellung der lokalen Kirchengeschichte am Anfang des Methodus sehen wir, dass auch die auf der Landkarte nachweisbare Kirche sicher nicht ausser Betracht bleibt: auch dieser geographische Nachweis gehört zu den Aspekten des Kirchenbegriffes. Öfters wird der Kirchenbegriff mit den Aspekten einer kleinen, von der Welt verfolgten und das Kreuz tragenden Gemeinde gezeichnet. Aber das Werk lobt auch Konstantin des ruhigen und sicheren Hafens wegen, den er der Kirche nach soviel Verfolgung und Unterdrückung geschenkt hat. Wenn die Autoren erwähnen, dass sich nach der Verwüstung der Kirchen in Asien und Afrika die Ebene des kirchlichen Lebens mehr nach Europa verlagert hat, können sie selbst davon sprechen, dass Gott seinen Thron und Wohnplatz (suam sedem et domicilium) nach dem Westen verlegt hat.[99] Aber sie können auch beim Erwähnen des eigenbrötlerischen Vergehens der weltlichen Autoritäten darauf hinweisen, dass eine goldene Krone oder ein Szepter noch keinen Christen oder ein Glied seiner Kirche machen; das macht nur der Glaube an Christus.[100]

Beim Bezeichnen der Funktionen der Kirche liegt besonderer Nachdruck auf dem Moment des Bewahrens: innerhalb der Kirche bleibt die Christonomie bewahrt. Das Reich Christi kann selbst 'conservatio Ecclesiae' genannt werden. Von diesem Kirchenbegriff gilt, was G. J. Heering über die reformatorische Interpretation vom Regnum Christi angemerkt hat: 'Das wird in der Theologie der protestantischen Orthodoxie der Christologie und nicht der Eschatologie zugeteilt'.[101] Der Kirchenbegriff in der Magdeburger Zenturien hat ausgesprochen bewahrende Charakterzüge: die Gemeinde ist mehr der Rest, der bewahrt bleibt, als die in einer eschatologischen Stimmung lebende Endgemeinde, wenn auch dieser Aspekt bei der Beschreibung der letzten Jahrhunderte nicht ganz fehlt. Aber das wichtigste, was in der Kirche geschieht, ist doch das Bewahren der Doctrina und die Bekehrung der Gläubigen. Der Kirchenbegriff steht in guter Übereinstimmung mit dem ganzen theologischen Konzept, das dem Werk zugrunde liegt.

Der Kirchenbegriff ist streng theologisch bestimmt. Die meist eigene Form und Rede der Kirche ist ja die Doctrina, die in ihrer ursprünglichen Gestalt Christus selbst ist. Die Christonomie wird in der Kirche durch den Heiligen Geist getragen und bewahrt. Es ist dan auch volkommen konsequent, dass als bedeutendstes Merkmal der Kirche die ganze Betonung auf der unverfälschten Doctrina liegt, deren Wort wir hier in der früher besprochenen, umfassenden Bedeutung handhaben müssen. Die Funktion der Kirche ist deshalb vor allem, dass die rein geistlichen Aspekte, die diese Christonomie kennzeichnen, auch der Kirche zuerkannt werden. Von diesem Aufbau her ist es deshalb nicht erstaunlich, dass wir manchmal dem Gebrauch der Begriffe Herrschaft Christi, Reich Christi, und Kirche begegnen, wobei die zugeschriebenen Prädikate auswechselbar sind. Wir sprachen von einer bestimmten Konsubstantiabilität innerhalb der Doctrina, das gilt sicher auch für die Kirche. Nicht selten finden wir eine Zeichnung des Kirchenbegriffes, in dem sich das Leiden Christi gleichsam fortsetzt, andererseits spiegelt sich in dem Bewahren der Kirche die Majestät der Doctrina wieder. Zugleicher Zeit ist aber die Kirche ein 'coetus mixtus', in dem auch manchmal erschrenkende Dinge passieren. Einmal finden wir einen kleinen Anlauf, um von der scharfen Durchführung dieses 'coetus mixtus' irgendwie abzuweichen in Richtung auf eine Gemeinschaft der Heiligen im mehr fassbarem Sinn.[102] Auf die Schwierigkeiten, die sich aus der Art und Weise ergeben, in der die kirchliche Gemeinschaft in der apostolischen Zeit beschrieben wird, kommen wir in einem späteren Paragraphen noch zu sprechen. Der Ausgangspunkt, von dem aus dieser Kirchenbegriff funktionieren kann, ist die Feststellung am Anfang des ganzen Geschichtswerkes, dass es 'ein Artikel des Glaubens ist, an eine heilige allgemeine Kirche zu glauben'.[103] Dieser Glaube kann in Christus zugleich seine Königsherrschaft und sein im Kreuz-Verborgen-Sein sehen, zugleich das 'iustus et peccator' bekennen und die Kirche in ihrer doppelten Gestalt anerkennen. Von diesem Glauben aus ist es unmöglich, die Kirche in ihrer Entwicklung als ein organisch wachsendes institutionelles Ganzes zu beschreiben. In diesem Glauben ist die Kirche unendlich erhabener als irgendeine irdische Institution je sein kann aber andererseits ist sie nicht unterschieden von einer anfechtbaren und angefochtenen irdischen Gemeinschaftsform.

DIE FUNKTION DES KIRCHENBEGRIFFES IN DER WELTLICHEN GESCHICHTE. Im Geschichtswerk kommt die Funktion des Kirchenbegriffes beim Unterschied zur Sprache, der zwischen kirchlicher und politischer Macht gemacht wird. Die Autoren stellen es dabei so hin, dass durch die Güte Gottes eine zweifache Macht bestehen bleibt: die kirchliche für die Erhaltung der Seele, die politische für die Erhaltung des Körpers.[104] Die politische Macht bekommt dabei den Bereich der weltlichen Rechtsprechung zugeteilt. Eine Machtüberschreitung nach 2 Seiten ist denkbar: wenn die kirchlichen Machthaber weltliche Gewalt an sich reissen, die im Streit mit dem geistlichen Charakter der Kirche ist und andererseits, wenn weltliche Machthaber kirchliche Gewalt ausüben wollen. Doch haben wir es hier in erster Linie mit einer Verteilung der Arbeitsgebiete zu tun als mit der am meisten spezifischen Funktion der Kirche in der Welt. Die typische Funktion der Kirche ist die, dass sie die Lehre inmitten der Welt repräsentiert und damit die Welt unter das Gericht stellt aber selbst doch auch als 'coetus mixtus' mit dieser Welt verbunden ist. Deshalb muss die weltliche Geschichte wohl als ein Anhängsel behandelt werden, auch hat ja die Bemerkung, dass hier die Beweise von Gottes Zorn und Güte sichtbar werden, ihren Sinn. Es ist jetzt nun die Frage, wie die Kirche die Doctrina in der Welt repräsentieren soll. Damit kommen wir an einen Punkt, an dem eine bestimmte Unklarheit in der Ausarbeitung der christozentrischen Theologie hervortreten wird, eine Unklarheit, die sich in der Anwendung des Kirchenbegriffes, wie sie im Geschichtswerk geschehen ist, noch klarer zeigt.

Das Ziel dieser 'Ecclesiastica Historia' war, nach den einleitenden Worten der Autoren, 'das Antlitz der Herrschaft Christi, nachdem er auf Erden die Versöhnung des menschlichen Geschlechts vollbracht hatte und majestätisch zum Himmel fuhr, so gut wie möglich herauskommen zu lassen'.[105]

Es ist nun die Frage mit welchen Zügen dieses Antlitz der Herrschaft Christi in der Geschichte der Kirche gezeichnet werden soll: ob die Herrschaft in der Kirchengeschichte mit den Charakterzügen einer theologia gloriae oder einer theologia crucis an den Tag treten wird, m.a.W. ob die Kirche ein Bild erhabener Entfaltung ihrer Herrlichkeit sehen lassen wird oder, ob die Kirche mit den Zeichen des Kreuzes, von dem nur im Glauben die Herrlichkeit gesehen werden kann, gezeichnet sein wird. Der theologische Ausgangspunkt, den wir gerade erwähnten, wird eine Konzeption vermuten lassen, in der die Züge einer majestätischen Herrlichkeit nach vollbrachter Versöhnung voranstehen. Es gibt im ganzen Werk eine Tendenz, tatsächlich die Entfaltung der Lehre aufzuzeichnen, als einen durch nichts zu störenden majestätischen Fortgang der Kirche, die aus einer schon vollbrachten Versöhnung lebt. Der Lauf der Kirche in der Geschichte ist dann eine gleichsam mehr und mehr angefochtene Entfaltung eines vollkommenen Anfangs in Richtung auf ein nun deutlich ruhmreiches Ende, wobei es nicht an Momenten innerhalb der Geschichte fehlt, bei denen auch an weltlichen Verhältnissen die Ausarbeitung dieser ruhmreichen Lage sichtbar wird.

Andererseits soll gerade die Anwendung des Kirchenbegriffes in der Geschichte jeden Anlass geben, um beim Zeichnen des Antlitzes der Herrschaft Christi und seiner Kirche die Zeichen zu gebrauchen, die der theologia crucis entlehnt sind. Öfters begegnen wir dann auch beim Betrachten der Gestalt der Kirche in der Welt einem theologischen Denken, das nicht so sehr von einer Christonomie als der ruhmreichen Himmelfahrt her auszugehen scheint, in der das Moment der vollbrachten Versöhnung vorherrscht, als viel mehr von einer Theologie, in der die Christonomie vollkommen mit den Zügen einer Theologia crucis gezeichnet wird: der Ruhm der Kirche ist dann gegenüber der weltlichen Geschichte vollkommen verborgen, in nichts gleicht ihre Herrlichkeit der einer in der Welt Sichtbaren.

Die weltliche Geschichte wird nun hauptsächlich von dem Gesichtspunkt aus beurteilt, dass in einer Periode des Friedens und der Ordnung das kirchliche Leben sich am Besten entwickeln kann. Die interne theologische Unklarheit, die wir oben erwähnten, wirkt sich nun in einem innerlichen Gegensatz in der Beurteilung des Verhältnisses Kirche und Welt in der Geschichte aus. Dieser innerliche Gegensatz entsteht, während die Perioden, in denen eine bestimmte Ruhe und Ruhm die Kirche kennzeichnen, als positiv und normativ hervortreten, andererseits dadurch, dass das gebrochene und durch das Kreuz entstellte Sein der kirchlichen Gemeinschaft für ihren zugleich offenbarenden und verhüllenden Charakter typisch genannt wurde. Es fehlt keineswegs an Empfehlungen an Machthaber und Fürsten, es als ihre besondere Aufgabe zu betrachten, das Wohl der Kirche so weit wie möglich zu fördern. (Das ist übrigens auch kennzeichnend für die Bedeutung, die die lutherische Theologie den bestehenden weltlichen Ordnungen beimisst!).[106] Vor allem wenn wir immer wieder die Einleitungen und Widmungen am Anfang der verschiedenen Zenturien lesen, bekommt man doch sehr stark ein Bild vom Gang der Kirche als von einem leidlich tolerierten, angefochtenen Sein von einem ruhmreichen Anfang zu einem ruhmreichen Ende hin.

Aus der oben signalisierten innerlichen Unklarheit bezüglich der Entfaltung der Lehre im Leben der Kirche erklären wir auch die im Grund der Sache untheologische Beurteilung der weltlichen Geschichte 'appendicis vice', als Anhängsel. Vom Menschenbild aus, wie wir es ausdrücklich im Werk vorfinden, fällt auf die weltliche Geschichte ein ganz anderes Urteil, als dass sie als Anhängsel betrachten werden dürfte. Die Kirche, die 'coetus mixtus' ist, steht mit dieser Welt in einer ganz spezifischen Solidarität, der sie sich nicht entziehen kann und darf.

Hier möchten wir vorläufig abschliessen mit der Feststellung, dass die Auseinandersetzung mit der dem Werk zugrunde liegenden Lehre den Autoren besser geglückt ist, als die Ausarbeitung davon in einer Funktion des darauf basierten Kirchenbegriffes auch in der weltlichen Geschichte anzugeben.

KONSEQUENZEN FÜR DIE GESCHICHTSSCHREIBUNG

1. *Eine bewusst kirchliche Geschichtsschreibung*. Wir haben in einem früheren Kapitel erläutert, wie der Doctrina in Flacius' Geschichtsschreibung ein ausserordentlich grosser Raum zugeteilt wird. Diese Doctrina findet ihren Fortgang und ihre Wirkung in dieser Welt in und durch die Kirche. Wenn wir dem Prozess der Entfaltung der Offenbarung nachgehen, können wir daraus schliessen, dass sich Gottes Handeln in der Welt als Kirchengeschichte vollzieht. Der heilige Geist bewahrt ja die Doctrina, und gibt diese 'per organa Ecclesiae' wieder. Geschichte im strengsten Sinn des Wortes ist dann auch nach dem Verständnis der Autoren stets Kirchengeschichte. Darum wurden in der Einleitung des Werkes die Vorteile dieser Kirchengeschichtsschreibung neben den mehr allgemeinen oder biographischen Methoden so weit ausgebreitet. Es betrifft hier nicht eine mehr oder weniger willkürliche Vorliebe der Autoren für Kirchengeschichte, sondern diese Vorliebe ist eine Konsequenz aus der Art und Weise, wie wie sich die Entfaltung der Offenbarung gedacht haben. Wohl ist die Doctrina die innere Form und Rede der Kirche, aber sie kommt historisch gesehen doch immer durch die Mittel der Kirche zu uns.

Das stimmt dann auch gut mit der Betrachtungsweise überein, dass nach einem einleitenden Kapitel der Methodus mit den Kapiteln II und III beginnt, die respektive vom Stellenverzeichnis der Verbreitung der Kirche und von den Umständen handeln, unter denen sich das kirchliche Leben abspielen musste: Verfolgung oder Ruhe. Das stimmt dann auch gut mit der Beschreibung des Kirchenbegriffes überein, dass hier der Ort und die Umstände, unter denen sich das kirchliche Leben in der Geschichte abspielte durch ihre Stellung im Methodus sicher nicht als Nebensächlichkeit betrachtet werden. Diese Art und Weise der Einleitung des Methodus zeigt an, dass man sich hier des reformatorischen Prinzips bewusst gewesen ist, dass die sichtbare und unsichtbare Kirche, wohl unterschieden, aber nicht geschieden werden können. Die Plazierung der lokalen Geschichte am Anfang des Methodus gibt die Nachweisbarkeit der

Kirche an und bleibt auch im Bewusstsein, dass das alles auf den Glaubensartikel bezogen ist, 'ich glaube an eine heilige katholische Kirche'; diese Notiz wahrt, dass das Sprechen von und über die Kirche schliesslich doch nur innerhalb der Bekenntnissphäre Platz haben kann. Mit dieser Erläuterung am Anfang des zweiten Kapitels ist der Abstrahierung der Kirche von der irdischen Wirklichkeit vorgebeugt, während doch auch vor einem zu rechtlinigen Denken über Gottes Führung in der Geschichte gewarnt ist.

Im Methodus folgt dann eine Liste wichtiger Personen, die mit dieser örtlichen Geschichte zu tun haben. Das dritte Kapitel behandelt die Umstände unter denen die Kirche leben muss. Dabei liegt der wichtigste Akzent auf der Conservatio durch die Barmherzigkeit Gottes. Erst nach diesen beiden beschreibenden Kapiteln folgt das umfangreiche Kapitel De Doctrina; danach die mehr inneren, kirchlich organisatorischen Fragen und schliesslich, in Form eines Anhangs, die weltliche Geschichte. Sie verdankt ihre Bedeutung hauptsächlich der Tatsache, dass auch hier Gott erkennbar ist, nämlich in seiner Güte, mit der er die Kirche inmitten der Wirren der weltlichen Geschichte bewahrt hat, und in seinem Zorn, der sich vor allem in Unterwerfen der Mächte und Herrschaften offenbart. Die Weltgeschichte ohne Kirche lässt allein den zornigen, verborgenen Gott erkennen.

Die Erneuerung, die die Reformatoren brachten, war eine kirchliche Erneuerung. Deshalb ist es nicht verwunderlich, dass die neue Art der Geschichtsschreibung, die damit Hand in Hand ging, eine typische kirchliche war.

2. *Das Bild der Kirche in der Geschichte.* Wir sahen, dass die Stellung der Kirche im Aufbau des Werkes gut mit dem Kirchenbegriff übereinstimmte. Dennoch ist die Ausführung des Kirchenbegriffes im Gesamtbild der Geschichte Flacius hier nur zum Teil geglückt. Wenn wir versuchen, uns das ganze Bild, das die Kirchengeschichte und damit verbunden die weltliche Geschichte erkennen lässt, vor Augen zu stellen, dann bleibt doch als zusammenfassender Eindruck zurück, dass die Geschichte der Kirche eine zunehmende Verschlechterung ihres irdischen Status erkennen lässt, nach einem geradezu vollkommenen Beginn mit der Aussicht auf eine ruhmreiche Wiederherstellung, die mit der Reformation begonnen zu haben scheint. Der Akzent liegt vor allem auf einem Bewahrt-Bleiben trotz des stets ernsteren Loses, das eine Krise in derselben Zeit erreichen wird, die dann auch als endgültig bezeichnet wird. In der Hauptsache ist das Bild mehr das eines Bewahrt-Bleibens, als das einer stetig wachsenden eschatologischen Spannung, die auf ein dramatisches Ende zugeht.

In verschiedener Hinsicht meinen wir, wenn auch keine Entgleisung, so doch eine Umbiegung bezüglich des ursprünglichen Kirchenbegriffes bemerken zu müssen. Vom Predigen und vom Leben Christi spricht das Werk nicht nur in der Weise, die wir bei der Beschreibung der Entfaltung der Offenbarung wiedergegeben haben, wie sie am Anfang des Kapitels 'De Doctrina' aufgezeichnet war.[107] Im Kapitel VII über Kirchenpolitik und Kirchenverwaltung kommt auch ein Paragraph über die Verwaltung der Kirche durch Jesum Christum zur Sprache.[108] Hier hiess es, dass mit Jesus eine neue Verwaltung der Kirche begonnen hat. Von Bedeutung ist dabei, dass in einem, dem vorigen untergeordneten Paragraphen De Personis neben Jesus 'qui eum habet gradum, quod erat Christus' die zwölf Apostel, die fünfzig Apostel (aus Luk. 10), ferner noch Zacharias, die Hirten, die Weisen, Joseph, Maria und andere als Verkündiger der Doctrina sei es privatim, sei es publice genannt werden.[109] Ebenso ist es auffallend, dass die Beschreibung des Lebens Jesu im Kapitel XI, das nach dem Methodus 'das Leben der Bischöfe' zu beschreiben hat, zu finden ist, während im Kapitel über die weltliche Geschichte das Leben Jesu allein im Zusammenhang mit der Daniel zugeschriebenen Prophetie bezüglich der Geburt eines göttlichen Kindes erwähnt wird. Im dogmatischen Teil steht Christus in seiner Unwiederholbarkeit ganz zentral, es betrifft hier das einmalige Erscheinen der zweiten Person der Dreieinigkeit in der Geschichte, aber hier liegt der Anfang einer Verschiebung in Richtung auf eine absonderliche Position der apostolischen Kirche. Das zeigt sich auch aus der Argumentation, der wir bei der Frage begegnen, warum schon so früh Ketzereien afkommen konnten, worauf die Antwort lautet, dass die Nachfolger der Apostel den Gaben der Apostel weit unterlegen waren und deshalb über weniger Kraft verfügen konnten, dem Bösen zu widerstehen.[110] Auf derselben Ebene bewegt sich die Beweisführung, dass die Doctrina im dritten Jahrhundert so angetastet werden konnte, weil die Doctores selbst manchmal nicht der Kenntnis und Vollmacht ihrer Vorgänger beistimmten.[111] Je mehr man sich von den Aposteln entfernte, desto mehr kamen Flecken auf die Reinheit der Doctrina. Auch gegenüber dem aufkommenden Machtstreben des römischen Episkopats sticht die Anfangszeit idealiter ab.

Bei einer derartigen Beweisführung ist es keine undenkbare Gefahr, dass die römisch-katholische organisatorische Hierarchie durch eine doktrinäre Hierarchie verfangen wird, wobei diese Doctrina dann doch wieder zu viel an menschliche Traditionen gebunden ist. Die andere Seite des hier signalisierten Mangels ist, dass im selben Zeitabschnitt, in dem die Kirche zu Unrecht einseitig idealisiert wird, die weltliche Geschichte und der weltliche Aspekt der kirchlichen Geschichte in gleichem Masse zu kurz kommen. Die weltliche Geschichte der ersten Jahrhunderte berichtet fast ausschliesslich nur Besonderheiten über das Römische Reich, und die weltliche Interpretation der Kirchengeschichte wird nicht erwähnt. Aus anderen Passagen des Geschichtswerkes wird deutlich, dass sich die Autoren der Bedeutung des reformatorischen Verständnissen der Kirche für die Verwertung in der Geschichte bewusst waren. In diesen Fällen bemerken wir eine auffallend kühle und manchmal sogar sehr scharfe Beurteilung der Kreuzzüge. Es ist schon merkwürdig, dass der Kreuzzug von 1096 unter 'De mutationibus politicis'[112] beschrieben wird und in der zwölften Zenturie lesen wir unter den 'opera mala et superstitiosa' von Bernhard von Clairvaux, dass er eine Expedition gegen Jerusalem predigte, wobei nicht ohne Ironie angemerkt wird: 'quod crucem praedicare vocant Historiographi'.[113] Später sagen es die Autoren noch einmal unverblümter, was mit der gerade genannten vielsagenden Notiz gemeint war: nämlich, dass die Kirchenfürsten mit den Kreuzzügen nur Machtausbreitung im Auge hatten.[114] Immer finden wir scharfe Kritik gegen die Ausbreitung der kirchlichen Macht, so muss auch bei Bonifatius von einer Deformation gesprochen werden, weil er die neuen Gebiete unter eine unzulässige Macht brachte.[115] In diesem Zusammenhang ist es merkwürdig, dass die Beurteilung Konstantins keine Zeichen dieser spitzen Kritik enthält, der wir sonst begegnen. Hier lobt man die Ruhe, die Konstantin der Kirche geschenkt hat und man kann sich des Eindrucks schwerlich erwehren, dass Flacius den mit Konstantin anbrechenden Zeitabschnitt der christlichen Kaiser als eine Verbesserung gegenüber der Vergangenheit darstellen wollte.[116] Im allgemeinen überwiegt hier eine günstige Beurteilung, was bei einem Autor einigermassen erstaunt, der im elften Jahrhundert die päpstliche Macht zutreffend charakterisiert findet in den Worten: 'Die Königreiche von dieser Welt und ihre Herrlichkeit, Papacaesaratus'.[117]

An vielen Stellen finden wir ein Bild der Kirche, in dem die Zeichen der Verfolgung, der Unterdrückung und des Entstellt-Seins deutlich und ausdrücklich im Vordergrund stehen. Schliesslich erklingen Warnungen vor zu bequem verstandenem Kirchenfrieden und die Autoren wissen sehr wohl, dass es in der Kirche gute und schlechte Bäume gibt, die ungleiche Früchte hervorbringen. Ungünstig für eine prinzipielle Ausführung eines bestimmten, streng theologisch-christozentrischen Kirchenverständnisses hat sich auch die Tatsache ausgewirkt, dass allerlei Bräuche und Einrichtungen in verschiedenen Kapiteln untergebracht wurden, wodurch es schwieriger wurde, die Konsequenzen in grossen Linien durchzuhalten. Dies gilt besonders für die nach strikt reformatorischem Verständnis unzulässige, vollkommen getrennte Behandlung der weltliche Geschichte 'als Anhängsel'. Bei der theologischen Beurteilung hoffen wir gerade auf diesen letzten Aspekt noch ausführlich zurückzukommen.

DER ORT DER ESCHATOLOGIE IN DER STRUKTUR DES WERKES. Es ist von Bedeutung, dass die Autoren ihre Vorliebe angeben, bei der Beschreibung der Christonomie in diesem Geschichtswerk mit dem Leben Christi zu beginnen, 'um das Antlitz der Herrschaft Christi, nachdem er auf Erden die Versöhnung des menschlichen Geschlechts vollbracht und majestätisch zum Himmel gefahren ist, so gut wie möglich herauskommen zu lassen'.[118]

Der Nachdruck liegt hier auf der ruhmreichen Herrschaft Christi, die in Ewigkeit gehört werden und unversehrt bewahrt bleiben muss. Wir können es uns bei verschiedenen Passagen nicht anders vorstellen, als dass die Autoren in diesem und im zukünftigen Leben an eine kirchliche Christonomie denken, wenn wir zum Beispiel lesen, dass 'der Heilige Geist die Kirche zusammenführt und heiligt, durch welche der allein wahre Gott in diesem und im zukünftigen Leben erkannt und gefeiert wird'.[119] Das Regnum Christi zeichnen die Autoren mit den Merkmalen der Christonomie, in der aber Begriffe wie Erhaltung, Bewahrung usw. eher auf eine bestimmte Kontinuität als auf ein Interregnum weisen. Die Christonomie nimmt hier im ganzen Denken eine so zentrale Stelle ein, dass die Eschatologie dabei ganz im Schatten zu stehen kommt. Hier rächt sich nochmals die Zeichnung von Christi irdischem Leben und der apostolischen Zeit, die der Verborgenheit der Christonomie zu wenig Aufmerksamkeit schenkte, was wir schon bei der Besprechung des Kirchenbegriffes behandelten. Nun herrscht zwischen der Christonomie die doch immer auch eine verborgene Christonomie ist und der letzten majestätischen Offenbarung zu wenig Spannung. Die ganze eschatologische Spannung ist gleichsam in der Christonomie aufgesogen, von der der verborgene Charakter wohl an vielen Stellen angegeben, aber doch durch eine idealisierte Verwendung des Kirchenbegriffes geschwächt wird. In der typisch theologischen Betrachtung des Werkes spielt die Eschatologie eine untergeordnete Rolle. Es kommt hier deutlich zum Ausdruck, dass im sehr umfangreichen Kapitel 'De Doctrina' der Eschatologie keine gesonderte Stelle eingeräumt wird.

Was über die Eschatologie gesagt wird, finden wir meistens unter der Überschrift 'De Ecclesia', unter der auch das Regnum Christi behandelt wird. Eine mit der Eschatologie zusammenhängende aber doch von ihr unterschiedene Materie wird unter der Überschrift 'De miraculis et prodigiis', im dreizehnten Kapitel einer jeden Zenturie behandelt. Hier kommen die äusseren Zeichen des Gerichtstages zur Sprache. Diesem Stoff fehlt aber ein streng organischer Zusammenhang mit der Christonomie, wie er im Kapitel 'De Doctrina' vorliegt.

Ebenso merkwürdig ist es, dass im ausführlich immer wiederkehrenden Methodus, mit nicht weniger als sechzehn verschiedenen Kapiteln, kein einziges Kapitel die Eschatologie behandelt. Die Teile, in denen die Eschatologie zur Sprache kommt, sind dann auch verhältnismässig klein an Umfang. Das dreizehnte, diesem Thema verwandte Kapitel nimmt einen im Verhältnis zum Ganzen unbedeutenden Platz ein, wenn auch bei den späteren Teilen der Umfang etwas grösser wird.

Bei den von den Autoren genannten Vorteilen dieser Geschichtsschreibung anderen Methoden gegenüber spielt die eschatologische Richtung der Geschichte keine Rolle. In anderer Hinsicht zeigen die Autoren klare Einsicht in die Unterschiede zwischen dieser Form der kirchlichen Geschichtsschreibung und den mehr allgemeinen Methoden. Die Eschatologie aber spricht hierbei nicht mit. Es ist, als ob das Übernehmen und Erleben der Doctrina im Glauben die alles entscheidende Wandlung der Eschatologie relativiert hätte.

In einer Passage, in der die Eschatologie zur Sprache kommt, erscheint Christus als der Reformator Ecclesiae: 'Dies sind wirklich die letzten Zeiten dieser Welt, die teufliche Raserei wächst: der Augenblick ist nahe, an dem er, der mächtige Reformator Ecclesiae, selber in den Wolken erscheinen wird: dann wird er die Spreu vom Korn scheiden, dann wird auch die Würde, der Ruhm und die Ehre der kleinen Herde Christi sichtbar werden'.[120]

Beim Lesen der Geschichtsbeschreibung bemerken wir aber, dass der Eschatologie in diesem Werk doch noch eine andere Bedeutung zukommt, als diejenige, die wir aus dem theologischen Aufbau des Werkes folgern konnten.

DIE ESCHATOLOGISCHEN PASSAGEN IM GESCHICHTSWERK. Während der Stellenwert der Eschatologie in der Struktur des Werkes unterbetont genannt werden muss, geben doch verschiedene Passagen, die wir durch das ganze Werk hindurch antreffen, Hinweise auf eine eschatologische Stimmung. Das braucht uns nicht zu verwundern, wenn wir bedenken, dass für Flacius Luther der dritte Elia war, der von Gott, bevor das Strafgericht losbricht, weggenommen wird.[121] Die Anspielungen auf die eschatologische Bestimmung der eigenen Zeit finden wir vor allem in den den Zenturien vorangehenden Einleitungen und Widmungen und ferner als kleine Zwischenstücke nach Anleitung einer Beschreibung eines bestimmten Zustandes in der Vergangenheit. Das Kapitel über Wunder als Vorzeichen des nahenden Gerichtes füllt bis zur vierten Zenturie lediglich einige Kolumnen, später sogar bis zu ungefähr zwanzig.

Wir geben nun eine kurzgefasste Übersicht einer Anzahl auffallender eschatologisch bestimmter Passagen. In der dritten Zenturie gilt es als eines der Argumente für eine gesonderte Behandlung der Riten der römisch-katholischen Kirche, dass diese sich nach der Vorhersage von Apokalypse 17 entwickeln müssen.[122] In der Widmung für Königin Elisabeth, in der vierten Zenturie, finden wir eine typische Äusserung von eschatologischer Stimmung: 'Schliesslich brechen schon die letzten Zeiten der Welt an. All das nimmt seinen Anfang, von dem Christus prophezeiht hat, dass es sich in dieser Wendung aller Dinge ereignen wird. Darum können Könige nichts tun, das mehr zu loben oder nützlicher wäre, als sich mit allem Eifer und mit aller Kraft dafür einzusetzen, dass die Menschen durch das reine Wort Gottes zur Busse gerufen werden und sich auf das bald kommende und drohende Gericht Gottes vorbereiten'.[123] In der Widmung zur fünften Zenturie hören wir ähnliche Klänge: 'Ausserdem neigt sich diese Welt schon zu ihrem Untergang und Zusammensturz und scheint sich die Stimme des Evangeliums nach nördlichen Gebieten zu verziehen und gleichsam in Verbannung gestossen zu werden'.[124] In der Widmung am Anfang der sechsten Zenturie lesen wir: 'Unsere Versöhnung und Verherrlichung kommen ja schon bald'[125] und noch weiter: 'diese Übel begannen vom Licht des Evangeliums in diesen letzten Zeiten der Welt ziemlich enthüllt und verbessert zu werden'.[126] In der siebten Zenturie sehen wir das Aufkommen des Islam als einen weiteren Schritt in der Entwicklung des Reiches vom Antichristen. Das achte Jahrhundert lässt das aussergewöhnliche Wachstum der Macht der römischen Kirche als die von Daniel vorhergesagte Ausbreitung des Reiches vom Antichristen erkennen. In der Widmung zur neunten Zenturie ist auch von einem Zustand die Sprache, der auf das Anbrechen der letzten Zeiten hinweist; auch die Legende der Päpstin Johanna erhält eine apokalyptisch-eschatologische Auslegung. In der Widmung der zehnten Zenturie heisst es, dass das Zunehmen der teuflichen Raserei auf eine baldige Ankunft Christi als Reformator der Kirche hinweist.[127] Die elfte Zenturie, so heisst es, zeigt die Verachtung politischer Macht und das Verbot der Ehe als typische Brandmarken des Antichristen. Eine Betrachtung am Anfang der zwölften Zenturie sieht eine Warnung im Aufkommen der Herrschaft Roms un der Türken.

Bezüglich der eigenen Zeit, so können wir festhalten, ist eine eschatologische

Stimmung vorhanden und nebenbei wird auch die Richtung der Geschichte daraufhin angegeben. Dennoch müssen wir konstatieren, dass die meisten Anspielungen darauf in einem Vorwort oder einer Widmung zu finden sind, ausserhalb der Konzeption des Geschichtswerkes. Ausserdem fällt auf, dass gerade das in den eschatologischen Passagen gesagt wird, was sich hauptsächlich auf die Ereignisse bezieht, die sich nicht so sehr auf das interne Leben der Glaubensgemeinschaft beziehen. Bei den eschatologischen Passagen überwiegt das Bewusstsein von Gericht und Busse, während bei der Zeichnung der Christonomie diese doch vor allem die Kennzeichen einer segnenden, versöhnenden und heilbringenden Herrschaft trägt.

Sowohl in der Geschichte der Kirche als auch im persönlichen Glaubensleben steht die Christonomie als ein Leben aus der vollbrachten Versöhnung so zentral, dass danach das eschatologische Denken mehr oder weniger als ein opus alienum ausserhalb dieses Denkens zu stehen kommt.

Aus den genannten Passagen zeigt sich aber, dass die Autoren des Geschichtswerkes bezüglich der eigenen Zeit sicher eine eschatologische Stimmung gekannt haben. Es wäre unseres Erachtens dem theologischen Aufbau des Werkes zugute gekommen, wenn in der Struktur die eschatologische Stimmung in passender Weise verarbeitet worden wäre.

C. THEOLOGISCHE BEURTEILUNG

Flacius hatte sich vorgestellt eine Kirchengeschichte zu schreiben, in der in chronologischer Ordnung der Gang durch die Geschichte der wahren Kirche und der reinen Religion wiedergegeben sein sollte. Dabei sollte der Anfang die volle Reinheit der Kirche und Lehre sehen lassen, die Geschichte sollte die Anfechtung davon aufzeigen, aber gegen Ende der eigenen Zeit sollte deutlich werden, dass das Licht der Wahrheit wieder auf den Leuchter zurückgesetzt wurde.[128] Später sagen die Autoren im Werk selbst, dass es ihre Absicht ist, ein deutliches Bild der Christonomie wiederzugeben, wie sich dieses nach vollbrachtem Versöhnungswerk und ruhmreicher Himmelfahrt des Herrn entfaltet.[129]

Damit ist in der Hauptsache angegeben, wo das Zentrum der Geschichtsbeschreibung liegt, die wir in den Magdeburger Zenturien vorfinden. Geschichte ist für Flacius und die Seinen Darstellung der Taten Gottes, wie diese durch seine Dienerschaft in der Kirche vollzogen wurden. Prägnanter gesagt, im ganzen Werk gilt: Geschichte=Doctrina=Verkündigung der Christonomie. Denn das ist das grosse Thema, das sich durch das ganze Werk hindurchzieht. Von diesem Thema erhalten allerlei Ereignisse eine bestimmte Beleuchtung, von diesem Thema wird auch die Wahl des zu behandelnden Stoffes methodisch bestimmt. Was ausserhalb davon geschieht, gehört nicht zum Kern der Sache, es kann anhangsweise erwähnt werden. Die Ebene, auf der sich das alles abspielt, ist vollkommen von der Frage bestimmt, inwiefern man diese Christo-

Taufe Christi, aus H. Schedel, *Liber Cronicarum,* Nürnberg 1493. Universitätsbibliothek, Amsterdam.

nomie bekennen kann: am Anfang dieser Geschichtsbetrachtung steht der persönlich bekannte Glaube.

Wenn wir hier, wie wir es bei der Beurteilung der Geschichtbibel getan haben, Huizinga's Definition der Geschichte daneben stellen, die lautet, dass 'Geschichte die geistige Form ist, in der sich eine Kultur von ihrer Vergangenheit Rechenschaft gibt', dann können wir sagen, dass die Zenturien den geforderten Zweck erfüllen. Das Geschichtswerk muss demnach die geistige Form wiedergeben, in der sich der Protestantismus in seinem ersten Anfang Rechenschaft über seine Vergangenheit gegeben hat. Dieser Aufgabe sind sich die Autoren von Anfang an bewusst gewesen, und sie haben bei der Besprechung und der Verkündigung ihrer von ihnen angewandten Methoden den ganz spezifischen Charakter der protestantischen Geschichtsschreibung deutlich hervortreten lassen. Sie geben dabei eine derartige Interpretation des Begriffes Geschichte, dass darin eine bestimmte theologische Vertiefung und Kritik gegeben ist, die wir auch der Definition Huizinga's beimessen können. Ihr christozentrischer Ausgangspunkt ist wohlüberlegt und mit bestimmtem Nachdruck ausgewählt. Sie legen bewusst Grenzen an und verantworten dies auch. Sie sehen es als ihren Verdienst an, dass sie den Leser nicht, wie andere, über sein persönliches Verhältnis zu dem zu behandelnden Stoff im Unsicherheit lassen. Mit Überzeugung verteidigen sie ihre christozentrische Interpretation der Geschichte, wobei sie unterstellen, dass jede Geschichtsschreibung von bestimmten Gesetzen und Normen ausgeht, auch wenn die Autoren sich nicht berufen fühlen, diese Normen von vornherein bekannt zu geben.

Wir meinen, dass in den Zenturien die vornehmsten Motive des reformatorischen Denkens der Methode dieser Geschichtsschreibung in grossen Linien gut angepasst sind. Welche apologetischen Absichten auch immer ein Wort mitgesprochen haben mögen, in grossen Linien finden wir hier doch eine theologisch fundierte Historiographie, die ein guter Repräsentant der Absicht der Reformation genannt werden kann.

Der Nachdruck des ganzen Werkes liegt auf einer sehr scharf umrissenen Christonomie und der Bedeutung des sola fide für das persönliche Leben. So wie durch das sola fide das ganze natürlich-institutionelle Denken des römischen Katholizismus untergraben wurde, so hat dieses Werk, in dem die Glaubenssicht das alles Bedeutende ist, aus der Geschichte all das entfernt, was der Aufhellung dieser Glaubenssicht im Wege stand und das Antlitz der Christonomie trüben könnte. Alles, was auf der Linie einer natürlichen, organischen Entwicklung in der Geschichte liegt, wird hier vor die Glaubensentscheidung gestellt: alle lediglich biographischen Besonderheiten werden in ihrer Relativität dieser Glaubenssicht unterworfen. Von dieser, mit Bewusstheit gewählten Position aus kommen die Autoren in verschiedenen Fällen zu einer in ihrem reformatorischen Denken fundierten Kritik bestimmter Personen und Umstände, zu einer sehr bestimmten Auswahl des zu behandelnden Stoffes und dadurch zu einer vom Gängigen abweichenden Konzeption des Ganzen. Diese Christonomie, als fundamentale Basis einer Geschichtsbetrachtung von reformatorischer Prägung, muss sicher als vollkommen theologisch fundiert bezeichnet werden. Es scheint uns dann auch theologisch vollkommen akzeptabel, dass die Autoren der Behandlung der Doctrina, in der umfassenden Bedeutung, die wir meinten, ihr hier beimessen zu können, sehr viel Platz geben.

Dass die verschiedenen Bereiche des Lebens der Kirche ebenso einen wichtigen Platz einnehmen, kann nichts anderes als eine Konsequenz eines einmal eingenommenen Standpunktes sein. Es erscheint uns theologisch sehr berechtigt, dass hier das Bekenntnis der Christonomie so deutlich und gleichsam zur Diskussion anregend als Prinzip der Historiographie aufgestellt ist. Von dieser Entscheidung her kommt es, wo es den Inhalt der Historiographie betrifft, auch nicht selten zu einer theologisch interessanten Kritik. Aus der Inhaltsübersicht, die wir vorher behandelten, nehmen wir einige typische Beispiele: Die Ablehnung der Klosterpraktiken als illegitime Bindung des Glaubens an einen bestimmten Ort; die Angabe bestimmter Grenzen für die Befugnisse Konstantins des Grossen; die Durchführung des kritischen Prinzips auch bei belangreichen Figuren aus der Kirchengeschichte; das Sehen der Gefahren eines zu vorschnellen Versuches, die kirchlichen Gegensätzen mit Mitteln der Diplomatie zu überbrücken; die Ablehnung unsauberer Reformationsmethoden (Bonifatius); die scharfe Kritik an den Kreuzzügen.

In diese Konzeption passt auch, dass in der weltlichen Geschichte vor allem das urteilende Tun Gottes sichtbar wird. Aber hier kommen wir zugleich an einen Punkt, an dem wir meinen, dass unsere Würdigung der dem Werk zugrunde liegenden Konzeption der Kritik Platz machen muss, die sich auf eine gewisse Einseitigkeit innerhalb der Konzeption bezieht.

Es ist theologisch nicht gut haltbar, in einem derartigen Geschichtswerk die weltliche Geschichte 'appendicis vice', als Anhang zu behandeln. Dadurch wird nicht nur das Urteil über diese Geschichte, wie sie hier und da deutlich erwähnt wird, theologisch gesprochen, entkräftet, sondern es bedeutet auch eine unzulässige Verkürzung der ganzen zugrunde liegenden Theologie. Hier müssen wir auf das zurückkommen, was wir schon früher als Unklarheit und Einseitigkeit der Art und Weise bezeichneten, in der die Christonomie gezeichnet ist.

Die Schwierigkeit offenbart sich schon am Anfang, bei der Wahl des Ausgangspunktes im Leben Christi, als dem Anfang der vollbrachten Versöhnung. Da die ganze Geschichte vom Aspekt der vollbrachten Versöhnung und Erlösung aus betrachtet wird, kommt die Geschichte als Schöpfung zu kurz. Auch wenn man die ganze Geschichte von der Versöhnung Christi aus unter bestimmten Vorzeichen behandelt sehen möchte, dann ist das noch etwas ganz anderes, als einfach ein Stück Menschheitsgeschichte wegfallen zu lassen, wie das hier geschehen ist. Das Beginnen mit dem Leben Jesu, nachdem er die Versöhnung vollbracht hat, birgt in sich die in dieser Denksphäre nicht undenkbare Gefahr, dass die Historizität Jesu nicht auf theologisch angemessene Weise beurteilt wird. Es ist nicht ohne Zusammenhang zu dem, was wir hier bemerkten, dass, während in der Beschreibung der weltlichen Geschichte jede sachliche Erwähnung des Lebens Jesu fehlt, das Leben Jesu an einer Stelle ausführlich beschrieben wird, wo immer das Leben der Bischöfe in diesem Werk dargestellt wird. Die Menschlichkeit Christi kommt zu kurz: 'Er heisst Jesu Christ, der Herr Zebaoth, und ist kein anderer Gott, das Feld muss er behalten'.[130] Die Unklarheit, die nun in dieser Konzeption deutlich zu Tage tritt, ist diese: Im Entwurf der Christonomie, wie er aus dem ganzen Werk hervorgeht, liegt grosser Nachdruck auf dem offenbarenden und majestätischen Charakter der Christusherrschaft aber, soweit die weltliche Geschichte nicht ganz untheologisch als Anhang behandelt wird, ist sie mehr von einer theologia crucis, als von einer theologia gloriae bestimmt. Diese Unklarheit hätte die Autoren veranlassen müssen, deutlich zu sehen, dass sich nach reformatorischem Verständnis die Herrlichkeit der Offenbarung auch in einer Theologia crucis handhaben lässt. Es ist dann eher die Aufgabe, deutlich zu sehen, dass sowohl diese Herrlichkeit als auch dieses Kreuz eine ganz eigene Gestalt haben, die nicht mit dem übereinstimmt, was der Nichtgläubige für Herrlichkeit und Kreuz zu halten pflegt.

Wenn wir noch an die beim Menschenverständnis erwähnte Bemerkung denken, dass niemand auf andere Weise gerechtfertigt werden kann, wie der Schächer am Kreuz, dann wird deutlich, dass die ganze menschliche Geschichte von der Verborgenheit Gottes aus hätte gezeichnet werden müssen, von der im Glauben der Charakter der Verkleidung entdeckt werden kann. Denn für diesen Glauben ist die Geschichte nicht 'appendicis vice', Anhängsel, sondern viel belangreicher. Einerseits müsste sie negativer gezeichnet werden (von Gott gerichtet), andererseits müsste die Möglichkeit einer Rechtfertigung ins Licht gerückt werden.

Die kirchliche Gemeinschaft hat dann noch ihren wohl unterscheidbaren aber untrennbaren weltlichen Aspekt, hier vollkommen mit der Welt solidarisch zu sein. Luther wusste noch davon, dass 'dieselbige Christenheit in aller Welt ist, also unter Bapst, Türken, Persen, Tattern und allenthalben die Christenheit zerstrawet ist leiblich, aber geistlich, versamlet in einem Evangelio und unter ein haubt, das Jesus Christus ist'. Wenn es die Autoren bei der Besprechung von Irrwegen so erscheinen lassen, als ob spätere Generationen von der Reinheit der ersten Zeiten abgefallen sind, weil sie an Vollmacht den Aposteln und Doctores dieser Zeit nachstanden, dann müssen wir hier ausdrücklich festhalten, dass hier von den Autoren mit dem nicht vollkommen Ernst gemacht wird, was sie selbst unter Rechtfertigung zu verstehen meinen und ebensowenig mit dem Kirchenbegriff als 'coetus mixtus', der nach reformatorischem Verständnis für jede Kirchengemeinschaft gilt. Bei dieser idealisierten Darstellung der ersten Zeiten der Kirche müssen wir Flacius c.s. vorhalten: 'nondum considerasti quanti ponderis sit peccatum' oder mit den Worten, die sie unablässig anderen entgegen halten: 'Nimis hominibus attribuerint!'. Was im Glauben des Einzelnen geschieht, ist, dass ein der Sünde verfallenes Bestehen im Glauben durch die Gnade Christi gerechtfertigt wird. Dieser Glaube hat seinen Grund allein in der Rechtfertigung durch Christus, damit verfallen in der weltlichen und kirchlichen Geschichte die relativen Unterschiede zwischen mehr oder weniger vollkommen.

Bei einer strengen Durchführung des christonomischen Prinzips, in seinem doppelten Aspekt von Ruhm und Kreuz, hätte doch der mehr oder weniger enzyklopädische Aufbau des Werkes beibehalten werden können. Die weltliche Geschichte hätte doch, anstatt als Anhang behandelt zu werden, eine andere Charakterisierung bekommen müssen. Nicht Beiwerk, sondern Mummerei. Auch die Kirchengeschichte hätte nach ihrer äusserlich-organisatorischen Seite hin mehr den Charakter eines Maskenspiels tragen müssen und die nebensächliche Beurteilung bestimmter kirchenhistorischer Ereignisse hätte dann eine deutlichere theologische Rechtfertigung erhalten.

Wie das Werk so vor uns liegt, macht es doch noch zu sehr den Eindruck, als ob mit dem erhabenen Anfang der apostolischen Zeit und einem leidlichen Zerfall in den Zeiten, auf den kritischen Zustand in der eigenen Zeit zugehend, das gute Recht der Reformation gleichsam aus einem Gang durch die Kirchen- und Weltgeschichte abzulesen wäre. Dieser, unter dem Umständen, unter denen das Werk zustande gekommen ist, verständliche apologetische Aspekt, lässt sich nicht mit den tiefsten Motiven der im Werk selbst bekannten Theologie vereinen. Niemand kann, nach einem Zitat aus dem Werk selbst, auf andere Weise gerechtfertigt werden als der Schächer am Kreuz. Dies gilt ebenso von der ganzen Geschichte, die Kirchengeschichte nicht ausgenommen. Es ist alles Verkleidung Gottes, aus der sich kein organisch notwendiger Entwicklungs- oder Zerfallsprozess konstruieren lässt.

Zerfall ist immer eine beschönigende Vorstellung, wenn das Wort Sünde fallen müsste. Aber zur gleichen Zeit ist diese Geschichtsbetrachtung auch optimistischer, als dass sie die Geschichte mit einem neutralen 'appendicis vice' abtun könnte. Denn im credo gilt von all diesem: 'simul justus et peccator'. Dies lässt sich nicht systematisieren, denn es ist keine Weltanschauung, sondern Glaube.

Durch das Schema: Vom guten Beginn über einen schlechten Fortgang zu einem guten Ende, hat das Werk eine deutliche apologetische Tendenz bekommen, durch die es zu einem Arsenal protestantischer Polemik werden konnte.

Die Möglichkeit eines 'Missverstehens' der Zenturien, jedenfalls einer zu einseitigen Beurteilung des Werkes, sind hier veranlagt.

1. Schaumkell, *Beitrag zur Entstehungsgeschichte der Magdeburger Centurien*, Ludwigslust 1898, S. 6.
2. W. Preger, *Matthias Flacius Illyricus und seine Zeit*, Erlangen 1859 u 1861 (2 Bde), Bd. I, S. 35.
3. Das biographische Material ist nach Preger.
4. bei Preger, a.a.O., Bd. II, S. 416.
5. ebenda, S. 417.
6. E.H. I, 1, praefatio, p. 8.
7. E.H. I, 1, praefatio, p. 3.
8. E.H. I, 1, praefatio, p. 3-4.
9. E.H. I, 1, praefatio, p. 4-5.
10. E.H. I, 1, praefatio, p. 1 et 2.
11. E.H. I, 1, praefatio, p. 4-5.

12. E.H. I, 1, praefatio, p. 5.
13. E.H. I, 1, praefatio, p. 6.
14. E.H. I, 1, praefatio, p. 8.
15. E.H. I, 1, praefatio, p. 4.
16. E.H. I, 2, praefatio, p. 1.
17. E.H. II, col. 1–2.
18. E.H. VIII, ep. ded., p. 3.
19. E.H. I, 1, col. 23.
20. E.H. I, 1, col. 271–353.
21. E.H. I, 2, col. 524–527.
22. E.H. II, col. 64.
23. E.H. II, col. 74.
24. E.H. III, praefatio, p. 1.
25. E.H. III, col. 71.
26. E.H. III, col. 143–149.
27. E.H. IV, col. 62.
28. E.H. IV, col. 539.
29. E.H. IV, col. 464.
30. E.H. V, ep. ded., p. 5.
31. E.H. V, col. 1251–1264.
32. E.H. V, col. 1133.
33. E.H. VI, ep. ded., p. 11.
34. E.H. VI, col. 443.
35. E.H. VI, col. 838.
36. E.H. VII, col. 653.
37. E.H. VIII, col. 2.
38. E.H. VIII, col. 29.
39. E.H. VIII, 313–314.
40. E.H. VIII, col. 796. Baleus = John Bale (1495–1563).
41. E.H. IX, ep. ded., p. 2 et 3.
42. E.H. IX, ep. ded., p. 14.
43. E.H. IX, col. 3.
44. E.H. IX, col. 19.
45. E.H. IX, col. 265.
46. E.H. IX, col. 600.
47. E.H. IX, col. 621.
48. E.H. X, col. 279.
49. E.H. X, col. 677.
50. E.H. XI, ep. ded., p. 12.
51. E.H. XI, col. 15.
52. E.H. XI, col. 16.
53. E.H. XI, col. 377.
54. E.H. XI, col. 539.
55. E.H. XII, ep. ded. p. 3.
56. E.H. XII, col. 857 sq.
57. E.H. XII, col. 1105.
58. E.H. XII, col. 1638.
59. E.H. XII, col. 1641.
60. E.H. XIII, ep. ded., p. 6–7.
61. E.H. XIII, col. 9.
62. E.H. XIII, col. 25.
63. E.H. XIII, col. 10.
64. E.H. XIII, col. 985.
65. E.H. XIII, col. 1157.
66. E.H. I, 1, praefatio, p. 8.
67. E.H. I, 1, praefatio, p. 4.
68. E.H. I, 1, col. 23.
69. E.H. I, 1, praefatio, p. 1.
70. Luther, W. A. 35, 456.
71. J. Koopmans, *De Doctrina Christiana* in: *Vox Theologica,* **6 Jrg.**, no. 4, Assen 1935, blz. 105–111.

72. E.H. I, 1, col. 62.
73. E.H. I, 1, praefatio, p. 3.
74. E.H. I, 1, praefatio, p. 8.
75. E.H. I, 1, praefatio, p. 4–5.
76. E.H. X, col. 9.
77. E.H. XII, ep. ded., p. 6.
78. E.H. I, 1, col. 62.
79. E.H. I, 1, col. 194.
80. E.H. I, 2, praefatio, p. 1.
81. E.H. I, 1, col. 33.
82. E.H. III, praefatio, p. 3.
83. E.H. XIII, ep. ded., p. 4 et 7.
84. E.H. I, 1, col. 73.
85. E.H. I, 1, col. 112.
86. E.H. I, 2, col. 667.
87. reeds in de 2e eeuw: E.H. II, col. 58.
88. E.H. I, 1, praefatio, p. 1–2.
89. E.H. I, 2, praefatio, p. 1.
90. E.H. I, 1, col. 170.
91. E.H. I, 1, col. 178.
92. E.H. III, praefatio, p. 1.
93. E.H. VI, ep. ded., p. 4.
94. E.H. I, 1, col. 181 sqq.
95. E.H. XII, ep. ded., p. 6.
96. E.H. I, 1, praefatio, p. 6: non adiaophorifarunt.
97. E.H. X, ep. ded., p. 5.
98. E.H. I, 2, col. 397.
99. E.H. VIII, col. 3, sq.
100. E.H. XI, ep. ded., p. 6.
101. G. J. Heering, *De Verwachting van het Koninkrijk Gods*, Arnhem 1957, blz. 42.
102. E.H. XII, ep. ded., p. 6.
103. E.H. I, 1, praefatio, p. 4–5.
104. E.H. XI, ep. ded., p. 3.
105. E.H. I, 1, praefatio, p. 8.
106. E.H. IV, ep. ded., p. 10.
107. E.H. I, 1, praefatio, p. 5.
108. E.H. I, 1, col. 267.
109. E.H. I, 1, col. 268.
110. E.H. II, col. 74.
111. E.H. III, col. 71.
112. E.H. XI, col. 746.
113. E.H. XII, col. 1638.
114. E.H. XIII, col. 10.
115. E.H. VIII, col. 29.
116. E.H. IV, col. 464, 539.
117. E.H. XI, col. 377.
118. E.H. I, 1, praefatio, p. 8.
119. E.H. I, 1, col. 33.
120. E.H. X, ep. ded., p. 5.
121. bei Preger, a.a.O. II, S. 108.
122. E.H. III, col. 143–149.
123. E.H. IV, ep. ded., p. 10.
124. E.H. V, ep. ded., p. 9.
125. E.H. VI, ep. ded., p. 5.
126. E.H. VI, ep. ded., p. 7.
127. E.H. X, ep. ded., p. 5.
128. bei Preger, a.a.O. II, S. 416.
129. E.H. I, 1, praefatio, p. 8.
130. Luther, W. A. 35, 456.
131. Luther, W. A. 26, 506 ff.

Das siebente Weltalter: Das Weltgericht, aus H. Schedel, *Liber Cronicarum*, Nürnberg 1493. Universitätsbibliothek, Amsterdam.

IV VERGLEICHENDE BEURTEILUNG

Nachdem wir in den vorhergehenden Kapiteln eine Übersicht über die vornehmsten Merkmale der beiden Geschichtswerke und eine theologische Beurteilung geliefert haben, wollen wir nun die Resultate miteinander vergleichen. Damit hoffen wir, eine Erhellung der verschiedenen theologischen Fragen zu erreichen. Wir wollen das tun, indem wir unsere Andacht zuerst dem Charakter der protestantischen Geschichtsschreibung, danach dem prinzipiellen Zentrum der protestantischen Historiographie: der Christonomie und schliesslich ihrer Funktion im Bestehen der Gemeinde in der Welt zuwenden.

DER CHARAKTER DER PROTESTANTISCHEN GESCHICHTSSCHREIBUNG. Die Art und Weise, in der uns die beiden Geschichtswerke eine Probe der Historiographie geben, kann uns auf der Suche nach typischen Zügen der protestantischen Geschichtsschreibung auf den Weg helfen. Wir sahen, dass Luther von Anfang an gewünscht hatte, dass mit der Reformation der Kirche auch eine neue Geschichtsschreibung ihren Anfang nehmen würde. Flacius und seine Mitarbeiter haben diesen Versuch unternommen und am Anfang ihres Werkes bestimmte Rechenschaft über die von ihnen befolgte Methode abgelegt.

Von Bedeutung ist an erster Stelle die sehr ausdrückliche Weise, in der das Prinzip aufgestellt und erklärt wird, von wo aus die weitere Geschichtsschreibung stattfinden soll. Es geht, so betonen die Autoren der Zenturien ganz ausdrücklich, um eine Geschichtsschreibung, von der der Leser voll betroffen ist, um dasjenige, woran er selbst Teil hat und das für ihn von höchstem Wert ist. Nicht allerlei biographische Besonderheiten, nicht eine zu allgemeine, 'nimis generaliter', behandelte Zahl vielleicht noch so interessanter Fakten machen eine Historiographie zu dem, was sie schliesslich sein muss. Zwischen dem, der die Fakten beschreibt und den Fakten, die beschrieben werden, besteht eine gewisse Relation und es ist Sache dieser Beziehung Rechenschaft abzulegen. In dem 'tantum sunt personales historici' liegt der Protest der Reformation gegen eine Wiedergabe der Geschichte verankert, die so beschreibend zu Werke geht, dass dabei die Persönliche Betroffenheit von Autor und Leser vernachlässigt wird.

Die Geschichte hat nach reformatorischen Verständnis keine organische Entwicklung, die durch eine Beschreibung von allerlei 'personalia' gleichsam wie von selbst den Sinn der Geschichte entfalten wird. Das charakteristische Moment des protestantischen Verständnisses von Geschichte ist das der confessio, das Bekenntnis unseres sündigen Seins vor dem Angesicht Gottes und der Antritt seiner Rechtfertigung von uns, die wir nicht auf natürliche Weise zu rechtfertigen sind. Dies zwingt die Zenturiatoren zu einer so bewusst konfessionellen Geschichtsschreibung und zur Einsicht, dass jede Geschichtsbetrachtung, die ihre Leser über ihre tiefsten Motive nicht im Unklaren lassen will, dann auch konfessionellen Charakters sein muss. Das, was wir konfessionelles Charakteristikum der reformatorischen Geschichtsbetrachtung nennen wollen, enthält zugleich eine persönliche Richtung der Geschichtsschreibung: sie wird nicht nur vom 'credo' bestimmt, sondern sie will den Leser auch zu einem wohl oder nicht zustimmenden Bekenntnis bringen.

Es besteht, so wollen wir im Anschluss an das vorhergehend Durchdachte behaupten, ein enger Zusammenhang zwischen der zum Bekenntnis veranlassenden Freiheit eines Christenmenschen und dem Bekenntnischarakter der protestantischen Geschichtsschreibung. Im Menschenbild des Protestantismus ist kein Platz für eine in letzter Instanz natürlich organische Bestimmung des Menschen: Er ist vor Gott frei in seiner Sünde und in seinem Glauben. Die Freiheit, die die Geschichte zu erkennen gibt, ist nach reformatorischem Verständnis kein organisches Produkt der Geschichte, Freiheit ist in der Geschichte erst da, wo der Mensch bekennt, dass Christus ihn rechtfertigt, die Geschichte zurechtrückt zur Freiheit der Kinder Gottes. Im credo bricht die Freiheit durch. Diese Freiheit liegt dann auch in der protestantischen Geschichtsbetrachtung vollkommen im persönlichen Bereich, sie ist nichts allgemeines und deshalb ist die Geschichte auch stets auf den Leser bezogen.

Dasselbe finden wir in einem etwas anders gefärbten theologischen Klima auch bei Franck: Auch bei ihm ist die Geschichte stets persönlich bestimmt. Das Nötigste ist, zu wissen, was Gott mit dem Leser will, nicht ein beschauliches Betrachten der Fakten der Geschichte. Auch Franck würde seine Bedenken gegen eine Historiographie haben, die 'nimis generaliter' ist. Wenn er auch den 'personales historici' viel Stoff entlehnen kann, so schreibt er doch nicht um des Schreibens willen, er wollte seinen Lesern nicht mit Vielschreiberei ihre kostbare Zeit stehlen. Denn auch die Geschichtbibel ist eine theologische Geschichtsschreibung, auch hier geht dem Werk eine theologische Einleitung voran und auch hier sind die besonderen Kapitel immer mit einer prinzipiellen Betrachtung über den zu behandelnden Stoff eingeleitet. Auch der Glaube steht in dieser Historiographie im Mittelpunkt: In der Art und Weise, in der die Beweisführung manchmal unbemerkt in ein religiöses Bekenntnis oder ein Gebet übergeht, kommt das persönlich religiöse Moment selbst stärker zu seinem Recht, als in der meistens rational-dogmatischen Beweisführung der Zenturien.[1]

Mit dieser theologischen Bestimmung des Ausgangspunktes hängt zusammen, dass die Werke nicht als organische Entwicklung aufgebaut sind. Es ist nicht richtig, wenn Historici meinen, dass Flacius c.s. in eine schlechte Nachfolge der Annalystik der antiken Autoren zurückgefallen sind. Der Mangel an 'organischer Entwicklung', den man zu signalisieren meinte, verflüchtigt sich infolge des prinzipiellen Ausgangspunktes, von dem aus man die Geschichte gar nicht als eine organische Entwicklung betrachten kann. Wenn Flacius' Geschichtswerk Protestanten und Katholiken nach dem Urteil der Verfasser von 'The History of Historical Writing' trotz des Aufhebens, das man von den Mängeln gemacht hat, dann doch 'historically minded' gemacht hat, ist das nicht nur Zufall. Es hängt direkt mit dem Bewusstsein der Autoren zusammen, dass es bei der Geschichtsschreibung um ein persönlich bestimmtes und auf ein persönliches Leben bezogenes Geschehen geht.[2]

Mit dem, was wir als den konfessionellen Aspekt der protestantischen Historiographie bezeichneten, ist eine sehr persönlich bestimmte Historiographie gegeben und sofern hierdurch Protestanten und Katholiken und nicht nur sie, mehr 'historically minded' wurden, bedeutet die Glaubenseinsicht der Reformation in der Entwicklung des historischen Denkens einen Schritt nach vorne.

Von einem theologischen Gesichtspunkt aus können wir keine Bedenken gegen die ausdrückliche und prinzipielle Weise haben, mit der vor allem in den Zenturien der Ausgangspunkt der Historiographie verteidigt wird. Wir brauchen nicht sogleich hierin eine fanatisch-apologetische Haltung zu sehen, denn die Autoren bringen eine sachliche Darlegung ihres Standpunktes, bei dem die Diskussion auf sehr sachliche Weise geführt wird.

Gegen den deutlich aufgestellten christozentrischen Ausgangspunkt können wir von theologischer Seite ebensowenig Bedenken haben; dies mag als ein legitim reformatorisches Unternehmen bezeichnet werden.

Wir meinen jedoch, eine Verzeichnung des Charakters der protestantischen Geschichtsschreibung in der Weise konstatieren zu müssen, in der in beiden Werken der prinzipielle Ausgangspunkt der Praxis der Historiographie angepasst wurde, womit zugleich bestimmte einseitige Akzentuierungen im theologischen Ausgangspunkt der beiden Werke ans Licht kommen.

Die Art, in der das Geschichtsbild der Zenturien durch das einfache Weglassen der ganzen Geschichte vor Christus verkürzt ist, ist vom theologischen Ausgangspunkt gesehen eine unzulässige Verkürzung. Wenn in der Darstellung der Offenbarung über das Ewigsein der zweiten Person der Dreieinigkeit gesprochen wird, dann darf die Geschichte von der Ankunft Christi auf Erden nicht einfach weggelassen werden. Nicht allein der Schöpfungsgedanke kommt dabei zu kurz, sondern auch die Historizität der Offenbarung in Christus wird hiermit auf unzulässige Art abgeschwächt. Diese Verzeichnung hängt mit der einseitigen Akzentuierung der Christonomie als Christus-Herrschaft nach vollbrachter Versöhnung in den Zenturien zusammen, was wir bei der Besprechung der Christonomie noch näher zu erläutern hoffen. So, wie hierdurch ein Stück Vergangenheit zu Unrecht ohne weiteres abgetrennt wird, so findet von derselben einseitigen Akzentuierung aus eine zu einfache Trennung von Kirchen- und Weltgeschichte statt. Während der weltlichen Geschichte auf untheologische Weise, 'als Anhängsel', ein kleiner Platz hintendran zugewiesen wird, bekommt die 'heilige allgemeine Kirche', die ein Objekt des Glaubensurteils ist, doch zu leicht das Angesicht einer konstatierbaren Grösse und wird mit feststellbaren kirchlichen Organisationen gleichgesetzt, bei denen die nicht-kirchliche Geschichte aus den Augen verloren werden kann. Für die weltliche Geschichte schöpfen die Zenturien dann doch – gegen ihren eigenen Grundsatz – ganz kritiklos aus den so beanstandeten 'personales historici'.

In der Geschichtbibel liegen die Sachen wieder etwas anders. Hier können wir eine bestimmte Rückkehr zum alt-christlichen Glaubensdenken konstatieren, in der Akzentuierung der eschatologischen Stimmung. Gerade in Verbindung mit einem spiritualistisch gefärbten Glaubenserleben gibt dies der Chronik ihren ganz eigenartigen Charakter. Wir würden es als den Verdienst des Verfassers der Geschichtbibel sehen, dass hier die weltliche Geschichte nicht als Nebensächlichkeit behandelt ist, dass aber durch die Stellung dieser Weltgeschichte in ein eschatologisches Schema und eine theologische Struktur, die bezüglich des Menschen und der Welt reformatorischen Auffassungen huldigt, eine Probe einer reformatorischen Historiographie gegeben ist, die nicht in der Kirchengeschichte steckengeblieben ist. Hier wird die weltliche Geschichte nicht 'als Beiwerk' behandelt, sondern sie ist in eine theologische Sicht integriert, die ihre Profanität und ihr Gerichtetsein in ein scharfes Licht stellt. Die Auswirkung dieser Glaubenssicht auf das Bild der Geschichte führt in der Geschichtbibel manchmal zu einer sehr originellen Beurteilung und hat hier und da auch die Methodik bestimmt: zum Beispiel das gegen-einander-Ausspielen gegensätzlicher Quellen und die Anwendung einer grossen Toleranz bei der Beurteilung, die gut mit dem wissenschaftlichen Ideal übereinstimmt, das sich der Autor gestellt hat.

Wir wollen hier noch auf einen Ausspruch Fueters zurückkommen, den wir in der Einleitung erwähnten: 'Der Historiker, der die Geistesgeschichte des 16. Jahrhunderts behandelt, darf an dem originellen Kopfe, der die politische Geschichte vom demokratischen Standpunkte und die Kirchengeschichte vom Standpunkt der Mystik aus betrachtete, nicht vorübergehen'.[3]

Was man bei Franck für originell und modern hält, ist zumindest soweit es die Geschichtbibel betrifft, die Kombination des Akzentes auf der Eschatologie, das kritische Moment, auf dem reformatorischen Menschen – und Weltbild basiert und des spiritualistisch gefärbten Erlebens dessen, was wir mit dem Terminus 'realised eschatology' andeuteten. Unseres Erachtens lagen alle hier genannten Aspekte innerhalb der Möglichkeiten der Reformation. Darum wollen wir die Geschichtbibel nicht als eine Art Vorläufer der modernen Geschichtsschreibung den Magdeburger Zenturien gegenüber hinstellen. In seinem Menschenbild und seinen kosmologischen Gedanken mögen heterodoxe spiritualistische Elemente enthalten sein, die Struktur, in der er sich Schöpfung, Sündenfall, Erlösung, Versöhnung und Eschatologie vorstellt, ist in grossen Linien sicher nicht heterodox zu nennen. In der Geschichtbibel kann man auf eine Weise über die Katholizität des christlichen Glaubens sprechen, die mehr an Augustin als an den Humanismus erinnert. Einen echten demokratischen Standpunkt finden wir eigentlich nicht. Typisch ist die Argumentation, dass die Monarchie wohl darum die von Gott auserwählte Regierungsform ist, weil diese zur Zeit der Ankunft Christi auf Erden herrschte![4]

Räber sprach in seiner Studie zu Recht über das Geschichtswerk Francks als einem 'Wegräumen, damit das, was allein von Belang ist, nach vorne kommen kann'.[5] Ein Vergleich mit den Zenturien lässt erkennen, dass sich auch dort ein Wegräumen vollzieht, in dem alles wegfällt, was 'nimis generaliter' über Mensch und Geschichte gesagt und geschrieben wird. Das 'Wegräumen' geschieht in beiden Fällen vom neuen reformatorischen Standpunkt aus, damit das Angesicht der Herrschaft Christi deutlich sichtbar werden kann.

Das geschieht in der Praxis der beiden Werke auf verschiedene Weise. Bei Flacius verschwinden die Antike und die nicht-kirchliche Geschichte praktisch aus dem Blickfeld, damit es für die Kontinuität der Herrschaft Christi in seiner Lehre und seiner Kirche Platz gibt und bleibt. Vollen Nachdruck bekommt die Bedeutung dessen für den einzelnen Gläubigen und für die an bestimmten Merkmalen erkennbare kirchliche Gemeinschaft. Der Teil des absoluten Wegräumens in der Eschatologie ist dabei von untergeordneter Bedeutung. In der Geschichtbibel ist gerade alles auf das grosse, letzte Wegräumen gerichtet, das im Eschaton stattfinden wird. Die ganze Geschichte ist unter diesem Aspekt gezeichnet.

In beiden Geschichtswerken scheint dies die schwierigste Stelle zu sein: die kirchliche Gemeinschaft, wie diese sichtbar-unsichtbar in der Welt steht. Die Sichtbarkeit der Kirche wird in den Zenturien auf Kosten der Sichtbarkeit der Welt gewonnen. Dass die kirchliche Gemeinschaft – auch in ihren Lehrentscheidungen – den Aspekt eines 'coetus mixtus' hat, kommt hier nicht zu seinem Recht. Es ist ein Verdienst der Zenturien, dass sie mit Macht für die theologischen Ideen einen Platz in der Geschichte fordern und auf die wichtige Rolle hinweisen, die sie gespielt haben. Die Sichtbarkeit der Welt ist in ihrem Lehr- und Kirchenverständnis echt problematisch geworden.[6] Möglicherweise ist diese Entgleisung mit der beängstigenden Praxis kirchlicher Streitigkeiten zuzuschreiben, in die Flacius in jeder Hinsicht verwickelt war. Bei Franck bleibt die Sichtbarkeit der kirchlichen Gemeinschaft insofern eine Frage, als er der Bedeutung Christi als 'unsichtbares Wort' keine deutliche Auswirkung gibt und er manchmal zwar von kirchlichen Gemeinschaften als Abendmahlsgemeinschaften spricht aber diese nirgends als organisatorisch auch wirklich bestehend angibt.

Für die Frage nach dem Charakter einer protestantischen Historiographie gibt die Konfrontation beider Geschichtswerke einige wertvolle Aspekte:

Diese Geschichtsschreibung soll bekennend und persönlich ausgerichtet sein. Der Gedanke an eine organische Entwicklung der Geschichte als eines Entwicklungsprozesses sui generis wird abgelehnt. Es ist für diese Historiographie eine Forderung der Ehrlichkeit und Sachlichkeit, dass sie eine ausdrückliche Erklärung der Prinzipien gibt, von denen aus die Historiographie stattfindet.

Die Geschichte wird als eine Christonomie gezeichnet, die nicht vom Schöpfungsgedanken, dem Bekenntnis vom Wirken des Heiligen Geistes und der Vollendung im Königreich Gottes isoliert werden kann.

Von dem Akzent aus, der im Bild der Christonomie auf der Entfaltung der vollbrachten Versöhnung oder einer Theologie des Kreuzes liegt, soll ein anderer Akzent in der Geschichtsschreibung an den Tag treten. Im ersten Fall wird die Betonung in der Historiographie auf der Tatsache liegen, dass sie eine kirchliche Historiographie ist, die die Kontinuität der Doctrina bekennt, die der Kirche anvertraut ist; im zweiten Fall wird die Historiographie auf die Profanität der Geschichte, die gerade in ihrer Verborgenheit einer Theologie des Kreuzes entspricht, grossen Nachdruck legen. Wie es theologisch notwendig ist, dass in der Darstellung der Entfaltung der Christonomie beide Momente berücksichtigt und nicht einseitig auseinander gezogen werden, so wird nach theologischen Massstäben das Bild der Historiographie desto unsauberer sein, je weniger der polare Charakter des Beschriebenen zu seinem Recht kommt. Eine Wiedergabe der Geschichte als 'civitas Dei' und als allein biologischer Organismus sind nach theologischem Verständnis beide gleichermassen verwerflich.

Auch wenn wir in den Zenturien eine nicht unverdienstliche Probe einer typisch kirchlichen Methode sehen, meinen wir doch, dass die Bedeutung der Reformation durch die Weise der Geschichtsschreibung, die von einer Theologie des Kreuzes aus stattfindet, nach ihren tiefsten Motiven aufs Beste behandelt wurde. Das typisch reformatorische Verständnis von Gericht, Sünde und Glaube kommt in einer Historiographie sehr deutlich heraus, die die menschliche Geschichte unter die Vorzeichen vollkommener Profanität stellt, und stets auf das Ausbilden des zu-Recht-Stellens der menschlichen Geschichte gerichtet ist. Die Beweglichkeit, die das Erleben der eschatologischen Stimmung im Glaubensdenken der Reformation gebracht hat, kann auch am besten in einer Historiographie gewahrt bleiben, die der Eschatologie einen wichtigen Platz einräumt. Wir sahen, wie bei der Auswirkung der Konzeption Flazius' gerade die Historizität der Christonomie oft schwierig sichtbar wird. Das konnte zu einer Abstrahierung des Lebens der Doctrina vom historischen Geschehen führen, wodurch der historiographische Charakter abgeschwächt und umstritten werden konnte. Auch liegt hier eine lange nicht imaginäre Gefahr, dass bei der Beschreibung der Entfaltung der Doctrina in der Kirchengeschichte die Kirche als Objekt des Glaubens und eine bestimmte institutionelle Entwicklung der Kirche als Organisation leicht ineinandergreifen, womit wichtige Punkte des reformatorischen Denkens in Gefahr kommen.

Ein wichtiger Punkt, der uns ebenso die protestantische Historiographie von der Theologie des Kreuzes aus wählen lässt, ist das Bewusstsein der Solidarität des Gläubigen mit der Welt in ihrer Profanität. Dies ist ein gut reformatorisches Verständnis: wir stehen als Sünder in der Welt, schuldig vor Gott und müssen uns darum mit der Welt solidarisch wissen, über die uns im Glauben Gericht und Erhaltung offenbart ist. Diese Solidarität hat ebenso im Evangelium ihren Grund, das von Gottes suchender Liebe weiss, die allein gilt, von der man in der 'realised eschatology' im spirituellen Erleben des Einzelnen und im Leben und Handeln der Glaubensgemeinschaft einen Vorgeschmack bekommen kann.

So kann die Frage nach dem eigenen Charakter der protestantischen Historiographie für uns in der befremdend wirkenden Feststellung enden, dass diese Historiographie sich vor allem durch die nachdrückliche Betonung der Profanität der menschlichen Geschichte charakterisiert. Sie soll sich dabei all der Mittel bedienen, die ihr zu Diensten stehen, um diesen profanen Charakter nachdrücklich herauskommen zu lassen. Dabei kommt (um mit Löwith zu sprechen) nicht allein das 'Heilige Römische Reich' unter die Lupe, sondern alle die Erscheinungen, die sich in der weltlichen und kirchlichen Geschichte hervortun. In ausdrücklicher Rechenschaft sollten wir noch angeben, worin für einen protestantischen Gläubigen die tiefsten Motive gefunden werden, um diese Profanität zu beschreiben: mit den Worten Francks: 'zum Gericht und zum Zeugnis',[7] Worte, die aufs engste mit dem Zeugnis Luthers zusammenhängen: 'Nicht der hat Friede, den niemand stört; das ist der Friede der Welt; sondern der, den jeder und alles stört und der dessen ungeachtet dies alles ruhig und zufrieden erträgt. Du sprichst mit Israel (Jer. 6 : 14) Friede, Friede! und ist doch kein Friede. Sprich lieber mit Christus: Kreuz, Kreuz! und ist doch kein Kreuz. Denn das Kreuz ist sofort kein Kreuz mehr, wenn du fröhlich sprichst: Gesegnetes Kreuz, unter allem Holz ist deines gleichen nicht!'.[8]

DIE CHRISTONOMIE IN DER GESCHICHTE. Das vornehmste Ziel der Autoren der Magdeburger Zenturien, das sie sich mit ihrer Geschichtsschreibung gesetzt hatten, war eine deutliche Darstellung des Antlitzes der Herrschaft Christi. Wenn Franck in seiner Geschichtbibel eine Geschichte 'zum Gericht und zum Zeugnis' schreibt, dann steht auch hier das Streben dahinter, eine bestimmte Christonomie in der Geschichte darzustellen, die verschiedene Bezeichnung ist für die verschiedene Weise kennzeichnend, auf die beide Werke dasselbe Ziel anstreben. So ist es sehr vielsagend, dass sie in den Zenturien der Umschreibung ihrer Zielstellung sogleich hinzufügen, dass sie diese Christonomie vom Gesichtspunkt der vollbrachten Versöhnung aus, nachdem der Herr majestätisch zum Himmel fuhr, darstellen wollen. Auch in der Art und Weise, in der in einer dogmatischen Betrachtung die Entfaltung der Offenbarung gezeichnet ist, verhält es sich nicht anders: auch hier steht die Versöhnung im Mittelpunkt. Christus verkündigte die Doctrina schon im Paradies und dies sollte durch alle Jahrhunderte hindurch unversehrt bewahrt bleiben.

Bei dieser Darstellung der Christonomie liegt der Nachdruck auf der Versöhnung, die einmal stattgefunden hat, und unverändert beständig bleibt. Die Eintönigkeit im Aufbau des Werkes, die scheinbar willkürliche Einteilung in Jahrhunderte und die bis in kleine Abschnitte jedes Jahrhundert wiederkehrende Einteilung des Methodus haben alle einen tieferen Sinn: sie spiegeln die Übereinstimmung der Doctrina in allen Jahrhunderten wieder.

Hier offenbart sich sogleich eine erhebliche Schwierigkeit für eine Historiographie, die so ausdrücklich auf diesen Aspekt der Offenbarung abgestimmt ist. Während das ganze Werk nichts anderes sein will, als ein Plädoyer für die Bedeutung der Doctrina für die Geschichte, glückt es bei dieser Konzeption schwerlich, die Bezogenheit der Doctrina auf die Geschichte deutlich zu machen.

Für das theologische Denken, in dem auch eine Historiographie wie die der Zenturien wurzelt, sind in der Entfaltung der Offenbarung zwei Momente, die für den historiographischen Aspekt von eminenter Bedeutung sind: der Eintritt der Offenbarung in die Geschichte in der Person Jesu Christi und das Erlebnis der Versöhnung durch den Gläubigen von der Annahme und dem Bekenntnis des Credo aus, während dieser Gläubige doch voll und ganz am Fortgang der Geschichte Teil hat. Gerade in diesen beiden kardinalen Punkten lässt die Konzeption in ihrer Ausarbeitung merkwürdige Verzeichnungen erkennen, die auf eine Einseitigkeit der gewählten Sicht hinweisen.

Es ist in der Tat immer auch eine 'Verlegenheitsauskunft', wenn die Autoren ihr Geschichtswerk mit der Zeit Christi beginnen: Schon hierdurch läuft die richtige Plazierung der Historizität in der Offenbarung Gefahr. Diese Gefahr tritt erneut an den Tag, wenn wir in dieser Historiographie bei der weltlichen Geschichte praktisch nichts über Christus erwähnt finden und er an einer Stelle aufs ausführlichste beschrieben wird, die im allgemeinen kirchliche Amtsträger zu beschreiben pflegt. Diese Verzeichnung setzt sich dann in einer idealisierten Darstellung der ersten Jahrzehnte des Bestehens der Kirche fort.

Der andere, für die Historie wichtige Punkt in der Entfaltung der Offenbarung ist der, an dem der Gläubige durch das Werk des Heiligen Geistes an der Rechtfertigung beteiligt, von Sünde und Gericht überzeugt wird, kurzum, an der ganzen heilbringenden Bekehrung Teil bekommt. Hier bedeutet – ebenso wie in der Historizität Christi – die Entfaltung der Offenbarung die menschliche Freiheit, hier insofern, als der Heilige Geist den Menschen stets die Vergebung und Rechtfertigung zueignet. Es ist dann auch hier kein Zufall, dass in dieser Theologie, die von der Versöhnung her konzipiert ist, Freiheit ausdrücklich definiert ist als Befreiung von der Sünde, dem Zorn Gottes, als das Leben in der Rechtfertigung, die wir durch Christus ererben. Hier ist das, was wir als bestimmte Konsubstantialität der Christonomie, der Kirche und des Gläubigen umschreiben können, aber es wird nicht gut deutlich, was die Funktion des Gläubigen in der Welt ist.

So wie die Historizität Christi in dieser Konzeption verzeichnet wird, wenn der weltliche Aspekt hierin nahezu fehlt, so wird die Historizität des Gläubigen nicht genug au sérieux behandelt, wenn seine Freiheit allein als frei werden vom Gesetz gesehen wird.

Nach reformatorischem Verständnis ist in der Erscheinung Christi von beidem die Sprache, von Offenbarung und Verborgenheit, von Gericht und Versöhnung, von Leiden und Herrlichkeit. Gerade in einer Entfaltung der Beschreibung der Christonomie dürfen diese beiden Bereiche nicht voneinander getrennt werden. Wenn das doch geschieht, wie in den Zenturien, dann bedeutet das, dass die weltliche Geschichte ausserhalb der Theologie plaziert wird, was eine Reduktion der Christonomie bedeutet. Wenn über die Weltgeschichte lediglich 'appendicis vice' gesprochen werden kann, dann wird die Verborgenheit Gottes von der Christonomie getrennt, eine Verborgenheit, die auch nach dem Verständnis der Reformatoren nicht vor der Vollendung der menschlichen weltlichen Geschichte in der Ankunft des Königreiches Gottes weggenommen werden kann.

In der Praxis der Historiographie bleibt die Konzeption dann auch stecken in einer wechselweisen Suche nach dem Bild der Herrlichkeit der Versöhnung, die sich vor allem im Bestand der Kirche zu manifestieren scheint, die Träger der Doctrina ist und der notgedrungenen Erkenntnis, dass diese Kirche ihrer wahren Gestalt gerade in ihrem verworfen-Sein am nächsten kommt. Auf dieselbe Weise liegt für das persönliche Leben die Bedeutung der Doctrina vor allem in der Annahme der zugerechneten Gerechtigkeit im Glauben, wobei die Spannung des unter dem Gericht-Stehens guten Teils weggenommen zu sein scheint.

Bezeichnend ist auch, dass sich die Eschatologie, die das historische Verständnis gerade unterstreichen könnte, in der ganzen Konzeption wenig Geltung verschafft: auch die Eschatologie ist der Kontinuität der vollbrachten Versöhnung untergeordnet worden. Dieser Nachdruck auf der vollbrachten Versöhnung hat den Aspekt der Verborgenheit in der Christonomie, des Gerichts und des Kreuzes so vollkommen verschlungen, dass es den Autoren entgangen ist, dass es ein Vorausgriff auf die letzte Offenbarung ist, sich zu bemühen, die Doctrina losgelöst über der Historie in ihrem Gerichtet-Sein wiederzugeben. Hier kann dann auch keine Einsicht aufkommen, wie sie gerade Franck scharf ins Auge fasst, dass sich, wenn alle Mittel scheitern, ein neues Papsttum ausbreiten wird, das sich des Wortes und der Lehre bedienen wird, um die menschlichen Egoismen mit dem Schein der Offenbarung zu verhüllen.

Verglichen mit der Beschreibung der Christonomie in den Zenturien bildet das, was wir hierüber in der Geschichtbibel finden, einen sehr merkwürdigen Kontrast. Wir vermissen in der Geschichtbibel vollkommen eine ausführliche – auch in der Anzahl der Seiten beachtlich umfangreiche – Beschreibung der Doctrina. Das leuchtende Zentrum selbst der Geschichte, über das Flacius so zeugnisreich schreiben konnte, scheint hier schwer zu finden zu sein. Die Christonomie ist verborgen in der Geschichte. Das Leben Jesu finden wir am Ende der jüdischen Geschichte. Was die erste Ausbreitung betrifft, muss man sich wundern, dass man Christus noch einige Jahre ungestört hat predigen lassen. Doch sollte es ein gründlicher Irrtum sein, zu glauben, dass in der Geschichtbibel die Christonomie keinen wichtigen Platz einnimmt. Diese Christonomie hat lediglich eine andere Gestalt. Hier beschreibt der Autor die Christonomie nicht nach vollbrachter Versöhnung, sondern vom Gericht, der Rechtfertigung aus, nicht so sehr als Schmecken einer vollbrachten Versöhnung, sondern an erster Stelle als zu-Recht-Stellen, unter das Gericht-Stellen. Dieses Gericht schafft Platz, dass eine Versöhnung kommen kann.

Es ist in bestimmter Hinsicht eine Konsequenz der hier gebotenen Konzeption, wenn wir die Gestalt der Christonomie in der Historiographie, die die Geschichtbibel bietet, nur schwierig wiedererkennen können. Denn die Christonomie selbst ist ein Wegräumen, ein Leidsam-Sein und ein Unsichtbar-Werden vor den Augen der Welt, damit der Heilige Geist vom Ort der Entäusserung aus das Werk der Versöhnung beginnen kann. Dies kann sich erst beim bald anbrechenden Eschaton vollends durchsetzen. Diese Christonomie als Zurechtstellung trifft alles menschliche Sein, wie auch bei der Versöhnung die ganze Betonung auf dem Gedanken liegt, dass das Heil für alle Völker bestimmt sein wird.

Es wirkt sich auch in der historiographischen Methode aus, dass der Autor in der Beschreibung der Offenbarung sagen kann: 'Gott erschafft durch Christus'.[9] Die Christonomie liegt näher bei der Linie der Schöpfung und der Geschichte. Gerade im Urteil, das die Christonomie hierüber ausspricht, im Kreuzigen dieser Schöpfung, bricht mit dem Sündenbewusstsein das Wissen von der Versöhnung und der neuen Schöpfung durch. In diesem Bild des Urteils, des Zurechtstellens durchzieht diese merkwürdige Christonomie das ganze Werk. Der tiefe Ernst dieses Urteils findet in der Spannung der nahen Gottesreicherwartung und dem spirituellen Erlebnis der 'realised eschatology', als ein Gott die Dinge vertrauend Überlassen, ein Gleichgewicht.

R. Stadelmann hat Francks Sicht der Geschichte einmal als 'das unendliche Golgotha des Geistes'[10] typisiert. Dieser Autor versteht diesen Ausspruch in einer nicht spezifisch theologischen Bedeutung. Der Ausspruch wird erst besonders sinnvoll, wenn wir ihn im Licht der hier besprochenen eigenartigen Christonomie sehen. Tatsächlich können wir diese Geschichte dann als ein Golgotha des Geistes sehen; gerade in dem Moment, wo der Gläubige erkennt, dass es Golgotha ist, ist das Kreuz nicht allein das Ende, sondern sogleich der neue Anfang. Die Christonomie, der wir in der Geschichtbibel begegnen, hat verschiedene Aspekte einer theologia crucis, obgleich das Neue Leben erst unter dem Heiligen Geist aufblüht.

Während in den Zenturien die Offenbarung in der Geschichte durch die Conservatio und die vollbrachte Versöhnung gekennzeichnet wird, mit hier und da verzweifeltem Widerstand dagegen, sehen wir in der Darstellung der Offenbarung und Geschichte in der Geschichtbibel noch Fortgang und Bewegung: Wohl hat Christus die Versöhnung für die Sünde gebracht, aber das manifestiert sich vorläufig noch als das grosse Gericht, das über Leben und Schöpfung gehalten wird. Erst nachdem er den Ernst dieses Gerichtes durchlebt hat, kann der Gläubige einen Vorgeschmack der Versöhnung haben, die als Herrschaft des Geistes mit dem Eschaton anbrechen wird. Während in den Zenturien die Christonomie von Bemerkungen wie Conservatio, Ewigkeit, Unveränderlichkeit umgeben wird, ist hier die Christonomie von Anfang an ins Licht des nahenden Eschatons gestellt. Auch in der Beschreibung der Entfaltung der Offenbarung ist die Christonomie eine sehr wesentliche, aber doch mehr eine Durchgangsphase in der sich vollziehenden Offenbarung. Während das regnum Christi in den Zenturien unbemerkt immer im Bestand der auch geographisch und historisch nachweisbaren kirchlichen Organisation seine Wiederspiegelung findet, finden wir davon in der Geschichtbibel keine Spur. Gerade die Ruhe, das Zuhause-Sein der kirchlichen Organisation in dieser Welt macht sie in den Augen Francks verdächtig: sie fängt dann an zu rosten wie rostendes Eisen!

Wir wiesen darauf hin, dass für den historiographischen Aspekt in einer reformatorischen Theologie zwei Aspekte von eminenter Bedeutung sind: Das Eintreten der Offenbarung durch Christus in die Geschichte und die Zueignung des Glaubens im Leben der Gläubigen. Einer Konzeption, wie wir ihr in der Geschichtbibel begegnen, können wir hier noch die Bedeutung der Eschatologie beifügen, die nämlich der Historie eine sehr deutliche Richtung gibt. Das bestreitet nicht, dass die beiden anderen Aspekte, die bei den Zenturien gleichzeitig Verzeichnungen erkennen liessen, auch hier von grosser Bedeutung sind. Auch in der Geschichtbibel finden wir auf ganz entgegengesetzte Weise einige merkwürdige Verzeichnungen gerade auch an diesen Punkten. Während in den Zenturien der historische Aspekt im Leben Jesu zu kurz zu kommen drohte, ist in der Geschichtbibel der Offenbarungscharakter Christi so vollkommen verborgen, dass von einer Glaubenssichtbarkeit kaum Anzeichen zu finden sind. Es scheint nicht immer deutlich zu sein, dass der Autor scharf zwischen weltlicher Verwerfung und dem eigentümlichen Antlitz des Leidens Christi unterschieden hat, auch die Grenze zwischen der Darstellung der Geschichte als Verfallsprozess und einer unter dem Gericht stehenden Welt, ist nicht immer ganz deutlich. Beim Sprechen über Christus als dem unsichtbaren Wort hat der Autor nicht genug die Unsichtbarkeit für-die-Welt und für-den-Glauben auseinandergehalten. Diese Darstellung der Christonomie kann leicht in eine vollkommen säkularisierte Historiographie übergehen.

Dies gilt auch von der Zueignung der Christonomie durch den Gläubigen im Bewusstsein, unter dem Gericht zu stehen. Auch hier scheint keine Einsicht in die für den Glauben ganz eigene Gestalt dieses Gerichtet-Seins im Unterschied zu einem Leben im Verfallsprozess ohne Aussicht bestanden zu haben. Die Einsicht des Gläubigen 'wie hinfällig alles sei',[11] hat eine radikal andere Bedeutung, wenn dies von der 'Hinfälligkeit' vor Golgotha aus gesagt wird, als wenn wir es in der mehr banalen Bedeutung verstehen müssen, dass alles doch relativ und vergänglich ist. An den theologischen und erbaulichen Passagen des Werkes wird uns genügend deutlich, dass Franck von dieser 'Hinfälligkeit' vor Golgotha wusste, aber es ist ihm nicht gelungen, dies in der Historiographie zu einer deutlichen Auswirkung zu bringen.

Es klingt durch, dass diese Verzeichnung ausserdem von einem Spiritualismus beeinflusst ist, der dieses christologische Denken durchkreuzt. Das ganze Werk hindurch begegnen wir einem merkwürdig spiritualistisch gefärbten Misstrauen gegenüber jeder Formgebung. Dieser Spiritualismus tritt auch im Menschenbild deutlich an dem Tag, das bisweilen in vollkommen biblisch-orthodoxer Weise ausfällt,[12] aber mitunter auch typisch heterodoxe Elemente enthält. Vor allem, wenn der Autor mit Angabe von Bibelstellen einen scharfen Unterschied zwischen dem äusseren und inneren Menschen angeben zu können glaubt. Dann heisst es, dass Seele und Leib zusammen die Sünde bewirken; die (fleischliche) Seele wird der Todfeind Gottes genannt, die allein für die Sünde verantwortlich ist.[13] Dieser Spiritualismus verhindert den Autor, für die Sichtbarkeit der Offenbarung einen Blick zu bekommen, wie diese gerade in einer Theologie des Kreuzes vorkommt. So bringt er Unklarheit in die Unsichtbarkeit, die ihren Grund im Gerichtet-Sein hat, wenn er diese verwechselt mit der spiritualistischen Idee von der Unsichtbarkeit im Sinne von nicht-stofflich, nicht-materiell, aber dann auch nicht in der Historie nachweisbar.

Es gibt einen Hinweis, dass in der Geschichtbibel die Christonomie nicht allein den Aspekt des Wegräumens hat, sondern auch eine mehr positive Form annehmen kann: Wir denken an das Interesse, das der Autor stets für die Beschreibung der Abendmahlsgemeinschaft als Erkennungszeichen der Liebe Gottes zeigt, die sich der Welt zukehrt. Es ist merkwürdig, dass der Ton scharfer Verurteilung und Verbitterung und beissender Kritik, der beinahe alle Formen der kirchlichen Organisation trifft, in ein ehrerbietiges Reden übergeht, wenn das Abendmahl in seinen reinen, einfachen Formen zur Sprache kommt.

Hier finden wir vielleicht eine Andeutung dafür, dass die Christonomie in dieser Grenzgestalt des Abendmahls sogleich theologia crucis in der richtenden und versöhnenden Bedeutung geworden ist und dass vor dieser Historisierung der Offenbarung sogar die spiritualistische Kritik schweigen muss. Wir finden hier alle die Aspekte beieinander, die für die Darstellung der Christonomie in der Geschichtbibel kennzeichnend sind. Die Betonung liegt auf dem wehrlosen, leidenden, vom Kreuz gezeichneten Sein. Hier ist zugleich die Gemeinschaft, die sich wohl unter das Gericht gestellt weiss, aber im Abendmahl gleichzeitig einen Vorgeschmack der Versöhnung erlebt und in ihrer offenen Gemeinschaft Ausdruck des wehrlosen Angebotes der Liebe ist, bevor das entscheidende Eschaton kommen wird. Damit sind wir wie von selbst zum letzten Thema gekommen, zu dem uns diese Konfrontation bringt: Die Kirche oder die Gemeinde in der Geschichte.

DIE KIRCHE IN DER GESCHICHTE. Das Antlitz der Christonomie darzustellen, war, so sahen wir, das grosse Ziel, das sich die Autoren der Zenturien am Anfang ihres Werkes gesetzt hatten. Aus ihrem Werk kommt dieses Antlitz in der umfangreichen Behandlung der Doctrina deutlich zum Vorschein, deren Bedeutung als Basis der Historiographie sie auf sehr prinzipielle Weise umschrieben und verteidigt haben. Sie kamen, als Konsequenz ihres Standpunktes, zu einer sehr bestimmten kirchlichen Geschichtsschreibung, einer 'Historia Ecclesiastica'.

Wenn wir die Eigenart der Funktion der Kirche und ihres zugrunde liegenden Kirchenbegriffes zusammenfassen, kommen wir zu folgendem Ergebnis:

Der Kirchenbegriff ist sehr deutlich christozentrisch konzipiert, sodass wir behaupten konnten, Doctrina=Verkündigung der Christonomie=die meist eigentümliche Gestalt der Kirche selbst. Die Kirche ist in diesem Sinn eine Art Entfaltung der Offenbarung: In dieser Hinsicht ist das immer so ausführlich behandelte Kapitel 'De Doctrina' das Zentrum der Kirchengeschichte. Nach seiner theologischen Konzeption steht der Kirchenbegriff so nahe wie nur möglich beim Regnum Christi.

Die vornehmste Funktion der Kirche ist, dass sie Träger und Bewahrer der Doctrina ist und dem Gläubigen daran Teil gibt. Nach diesem, ihrem 'interior et proprior forma ac ratio', hat sie ihren Aspekt geographischer Nachweisbarkeit als kirchliche Organisation. Es ist von Bedeutung, zu bemerken, dass einerseits dieser Aspekt im Methodus vor dem am meist eigenen-theologischen Aspekt behandelt wird, unter dem Motiv, dass diese Nachweisbarkeit es doch erst möglich macht, über die Kirche zu sprechen und andererseits die ausdrückliche aussergewöhnliche Behandlung dieses Aspektes zu konstatieren, als einen Bereich, der vom Wesentlichen unterschieden und ihm untergeordnet ist. Die verwaltungs-organisatorischen Aspekte des innerkirchlichen Lebens werden in einem wieder anderen Kapitel behandelt, alle Kapitel bis einschliesslich des Zwölften kann man ohnehin als nähere Ausarbeitung bestimmter Bereiche des kirchlichen Lebens betrachten. Den Übergang zur weltlichen Geschichte bilden einige Kapitel über Judentum und Heidentum, die weltliche Geschichte beschliesst als Anhängsel diese Kirchengeschichte. In der Periode, in der die Entfaltung der Offenbarung und die weltliche Geschichte parallel laufen, bleibt doch in der Art der Behandlung die vollzogene Trennung Kirchen- und Weltlicher-Geschichte beibehalten.

Im Bild der Geschichte der Kirche überwiegt die Funktion der Kirche, die wir die interne nennen wollen: Das Bewahren der Doctrina, sowohl bezüglich der Gläubigen, als auch bezüglich der Welt. Hiermit hängt zusammen, dass auch die Funktion des Gläubigen an erster Stelle von diesem intern kirchlichen Aspekt aus gesehen wird: Das Leben aus der reinen Lehre, das Bewahren der Doctrina, das Teil-Bekommen an der Rechtfertigung. Wohl kennt der Kirchenbegriff ausdrücklich die Idee, dass die Kirche ein 'coetus mixtus' ist, aber auch diese Auffassung wird hauptsächlich, so wollen wir es formulieren, zum intern kirchlichen Gebrauch gehandhabt. Wie die geographische und historiographische Kirchengeschichte in getrennten Kapiteln behandelt werden, ebenso wie die weltliche Geschichte, so kommt die Funktion des Gläubigen in der Welt hier nicht in einen wesentlichen Zusammenhang mit seinem Teil-Haben an der Kirche, auch in seinem historisch bestimmten Sein.

Während das Werk gerade die Bedeutung des Antlitzes der Christonomie durch die ausführliche Behandlung der Doctrina betonen wollte, ist dies nur sehr bruchstückhaft dadurch geglückt, dass die historiographische Behandlung die spezifisch historischen Aspekte im Aufbau des Werkes isoliert hat, was mit den Mängeln gerade bezüglich der Historizität in der Darstellung der Christonomie und der Funktion des Gläubigen zusammenhängt. Auf der vollbrachten Versöhnung und der weitergehenden Christonomie liegt so grosser Nachdruck, dass die Idee, dass die Kirche auch sehr wesentlich ein 'coetus mixtus' ist, nicht vollkommen zu ihrem Recht kam. Dies wirkt sich in einem doch sehr merkwürdigen Totalbild aus, das diese Kirchengeschichte zu erkennen gibt: Eine Mischung von Freude über Bewahrung und Ausbreitung der Kirche und zu gleicher Zeit ein sehr bewusstes Markieren, dass die Kirche in der Welt in der Gestalt der Verachteten und Verworfenen vorhanden sein soll. Ein hiermit zusammenhängendes Problem ist der Blick auf das Verhältnis zur weltlichen Macht, wobei die politische Macht vor allem als Träger des Gesetzes gesehen wird, die gleichsam eine sichere Basis schaffen muss, auf der die Kirche als Macht zur Erhaltung der (über den Leib erhabenen) Seele fungieren kann. Umgekehrt fördert dann der Glaubensgehorsam den menschlichen Gehorsam innerhalb des politischen Bereiches, sodass behauptet werden kann, dass innerhalb der Kirche bessere Zucht herrscht und die Menschen bescheidener sind, als da, wo Gottes Wort fehlt, wie bei den Türken und anderen Völkern. Das Bewusstsein, dass die Kirche prinzipiell ein 'coetus mixtus' ist, kommt nicht gut zum Vorschein, stets erklingt dabei ein etwas entschuldigender Ton: 'Manchmal geschehen auch inmitten der Kirche erschreckende Dinge. Denn der Teufel belagert die Schar der Frommen unaufhörlich auf verschiedene Weise, gross ist die Ohnmacht der Menschen'.[14] Das 'mixtus' wird dadurch sehr abgeschwächt, dass das Moment der von der Versöhnung überwundenen Sündhaftigkeit zu sehr vom Sein und Bleiben in der Welt, die zu Unrecht als 'Beiwerk' behandelt wird, isoliert ist. Die Funktion des Gläubigen und der Kirche bleibt dadurch vollkommen vage und kann nicht deutlicher werden, weil die Welt zu sehr als ein überwundener Standpunkt vom Leben in der Doctrina her betrachtet wird.

In den Zenturien hat die Kirche dagegen deutliche Kennzeichen: das reine Wort, der rechte Gebrauch der Sakramente, der Gehorsam, aber diese sind alle für den internen Gebrauch: die Auswirkung des Bewusstseins, dass sie als 'coetus mixtus' eine Funktion in der Welt hat und jeder Gläubige dabei auch, bleibt verschwommen: So wenig die profane Seite des Lebens Jesu in seinem Sein-in-der-Historie und seinem Gerichtet-Werden auf die rechte Weise anerkannt wird, so wenig kommt die Funktion der Kirche in der Welt zu ihrem Recht und wird die Geschichte hier – ebenso wie es später bei Brunner geschehen wird[15] – auf untheologische Weise degradiert zu einer 'Geschichte im uneigentlichen Sinn'.

In der Geschichtbibel liegt dies nun ganz anders. Hier ist die Christonomie so dargestellt, dass sie gleichsam in der Verlängerung der Schöpfung zu liegen kommt. Hier wird Christus zum Ersten der Gläubigen, die wissen: 'Man büsst nit mit wercken sünd, sunder mit eim gantzen newen verwendten leben/vom glauben her entsprungen/durch das blut Christi'.[16] Aber die Busse, das Gericht, stehen im Mittelpunkt: Was die Christonomie und was in Verborgenheit die Weltgeschichte zu erkennen geben, ist die Rechtfertigung im Sinne von Vollzug des Gerichts: davon hat die kirchliche Gemeinschaft die Gestalt zu sein. Zeichen dieser kirchlichen Gemeinschaft sind: die Prophetie, das Opfer des Gebetes, die Kollekte, Gemeinschaft in allen Dingen, aber vor allem das Abendmahl, das als Kennzeichen trägt: seine einheitliche Zusammenfassung der evangelischen Lehre, die Bruderliebe, das Zeichen der christlichen Verbundenheit und das Gebet für alle. Die Gemeinschaft muss inmitten der Welt stehen, denn ein Christ steht mit seinem Leib mitten in der Welt, hat Teil an Krankheit, Not und Schande aller Menschen und hat ausserdem den Auftrag, sein Licht in der

Welt leuchten zu lassen, zu lehren und zu strafen, zu helfen und durch seine Wahrheit den Lügen den Mund zu stopfen, damit Gott hierdurch die Welt überzeugen kann.

Es ist schwierig in der Historiographie der Geschichtbibel der Kirche einen Platz zuzuweisen, wie dies in den Zenturien geschehen konnte, die selbst kund tun, dass bei der Verlagerung des kirchlichen Lebens von Afrika nach Europa Gott 'seinen Thron' auch geographisch nachweisbar verlegt hat. Bemerkenswert ist sicher auch, dass gerade an einer Stelle, an der der Kirchenbegriff zur Sprache kommt dem Text aus Apostelgeschichte 10. viel Bedeutung zukommt: 'Nun erfahre ich mit der Wahrheit, dass Gott die Person nicht ansieht, sondern in allerlei Volk, wer ihn fürchtet und recht tut, der ist ihm angenehm'.[17]

Die Chronik kann dann auch ausdrücklich davon sprechen, dass man die Kirche 'eine geistliche unsichtbare Versammlung sein lassen muss, die wir glauben und nicht sehen, regiert vom Heiligen Geist, von niemand abgesondert, sondern jeden suchend, dem Sünder nachlaufend, wenn er sich nur finden lassen wird'.[18]

Eine der Schwierigkeiten bei der Darstellung der Funktion der kirchlichen Gemeinschaft ist hier, dass die Geschichtbibel nicht deutlich erkennen lässt, inwiefern die Gestalt der unsichtbaren Versammlung auf die Linie der Christonomie gestellt werden muss, bei der Christus das unsichtbare Wort ist. Die Chronik tadelt an den Aposteln, dass sie so lange am 'leypliche' Christus hängen blieben. Es ist ein Unterschied zwischen dem 'unsichtbaren Wort', das Christus ist, und dem 'fleysch Christi': darum war die Himmelfahrt notwendig, damit die Apostel nicht ungläubig an der irdischen Gestalt hängen bleiben sollen.[19] Hier ist es nun nicht ganz deutlich, ob der Chronikschreiber den eigenartigen Charakter der Unsichtbarkeit des irdischen und gekreuzigten Christus scharf genug gesehen hat und ob deswegen die Unsichtbarkeit der Glaubensgemeinschaft theologisch sauber definiert ist.

Es kann kein Zweifel daran bestehen, dass das Bild der kirchlichen Gemeinschaft, wie dies in der Chronik idealiter vorkommt, stets nach Analogie des leidenden und Kreuz-tragenden Christus dargestellt ist. Die Argumente, die gegen kirchliche Machtüberschreitungen gebraucht werden, die Zeichnung der kirchlichen Gemeinschaften als niedere Konvente, weisen alle in diese Richtung. Die kirchliche Gemeinschaft trägt die Gestalt einer vollkommenen freien, durch das Blut Christi erworbenen Glaubenshaltung, die in Christus ein Vorbild in Leiden und suchender Liebe hat.

Bei der Besprechung der Christonomie wiesen wir schon auf ein spiritualistisches Element hin, das dem Glaubensdenken in dieser Chronik eine merkwürdige Färbung gibt. Wir wiesen darauf hin, dass durch den spiritualistischen Unterton eine Verwechslung der Interpretation des 'unsichtbaren Wortes' möglich war: der spezifischen Unsichtbarkeit im Sinne von larva Dei, Maske Gottes, Verhüllung der Offenbarung, mit der spiritualistischen Interpretation von unsichtbar=nicht stofflich. Durch das ganze Werk hindurch finden wir eine doch wohl spiritualistisch gefärbte Abkehr vom Formendienst, die es dem

Autor schwierig gemacht haben wird, bei der Unsichtbarkeit der Glaubensgemeinschaft noch an irgendeine – naturgemäss allein für den Glauben verstehbare – Form zu denken.

Während wir bei den Zenturien von einer Verzeichnung der Historiographie durch ein zu einfaches Vorbeigehen an der 'Unsichtbarkeit' der Christonomie und der Kirche, von einer einseitigen Sichtbarmachung der Versöhnung aus, sprechen können, finden wir hier die gleiche Verzeichnung durch eine einseitige Sichtbarmachung des Gerichtes, wobei den Autoren in beiden Fällen der eigenartige Charakter der 'Unsichtbarkeit', nach reformatorischer Interpretation, entgeht. Das Fehlen der Form der kirchlichen Gemeinschaft war in der Geschichtbibel ausserdem weniger störend durch die Stimmung der baldigen eschatologischen Erfüllung, die eine langwierige Besinnung auf die Gestalt der Glaubensgemeinschaft nicht notwendig machte.

Es ist nicht verwunderlich, dass bei diesen Schwierigkeiten bezüglich der Formgebung des Kirchenbegriffes als eine Möglichkeit eine Abendmahlsgemeinschaft, im nicht kirchlich-organisatorischen Sinn interpretiert, übrigbleibt. Verschiedene Aspekte, die die Geschichtbibel beim Sprechen über die kirchliche Gemeinschaft nennt, erhalten hier eine Chance, während die spiritualistischen Bedenken hier nicht so stark zum Vorschein kommen. Da sind die Stimmung der Erwartung des Nahen Endes, das Fehlen des organisatorischen Aspektes, eine Art Realisierung der Christonomie, in der das Gericht und die Versöhnung beide deutlich hervortreten, der Aspekt der Einladung, der Bruderliebe und der Liebe Gottes, die den Sünder sucht. Dieses öffentliche Abendmahl steht mittenin der Welt, mit ihr solidarisch in der Einladung an alle, die daran teilnehmen wollen, doch kaum geographisch nachweisbar.

Die menschliche Geschichte ist in der Geschichtbibel keine 'uneigentliche Geschichte', im Gegenteil, sie ist bitterer Ernst: 'zum Gericht und zum Zeugnis'. Sie ist, nach der Andeutung Stadelmanns, ein 'unendliches Golgotha', aber deswegen sicher nicht ohne Hoffnung. Denn die Gemeinschaft, die den eigentlichen Charakter der Geschichte im Glauben sehen durfte, nimmt die Gestalt des Abendmahls, Liebesmahls an, unter dem Schatten des Kreuzes, mit dem Gebet für alle: Maranatha, Herr, komme!

Wir meinen unsere Wahl einer Geschichtsschreibung im Stil der Geschichtbibel auch damit rechtfertigen zu können, dass der Gehalt an typisch reformatorischem Glauben bei dieser Konzeption reiner bewahrt blieb. Wir nannten als eines der Merkmale der protestantischen Geschichtsschreibung, dass diese eine konfessionelle Geschichtsschreibung sein muss, konfessionell in dem Sinne, dass der Ausgangspunkt von einem bekennenden Glauben aus, ausdrücklich betont werden muss. Der eigentümliche Charakter des reformatorischen Credo liegt im In-Einem-Sehen-Können von Offenbarung und Verhüllung der Offenbarung. In der Maske der Empirie kann der reformatorische Glaube Gottes Offenbarung sehen. Dies gilt auch bezüglich der Kirche und der Funktion der Kirche auf Erden. Luther konnte ausdrücklich bekennen: 'Ich glaube, dass eine heilige christliche Kirche sei auf Erden'. In verschiedenen Aussprüchen, denen wir bei ihm über die Kirche begegnen, bemerken wir dieses In-Einem-Sehen-Können von Offenbarung und Empirie.

Bei Luther finden wir Aussprüche über die Kirche, die wir teils in den Zenturien, teils in der Geschichtbibel erwarten würden: 'Die Kirche ist unsichtbar, allein im Glauben zu fassen'. (invisibilis et spiritualis est, sola fide perceptibilis)[20] kein 'leyplich' Versammlung, sondern Versammlung im Geist, geistliche Einheit,[21] denn 'was man gleubt, das ist nicht leyplich, noch sichtlich'.[22] 'Es ist ein hoch tieff verborgen Ding, die Kirche, das sie niemand kennen noch sehen mag'.[23] Aber die Kirche hat auch sichtbare Zeichen: Taufe, Abendmahl, das Evangelium, das gepredigte Wort. Die Kirche ist nicht an einen bestimmten Ort gebunden, aber sie ist auch nicht ohne Ort.[24]

Es ist nun gerade dem Glauben eigen, beide Aspekte in einem zu sehen, wie im Glauben im historischen Jesus der Heiland zu sehen ist. Wenn wir es nun als eine der typischsten Eigenschaften der protestantischen Geschichtsbetrachtung ansehen, dass sie ausdrücklich ihren Ausgangspunkt im bekennenden Glauben betont, dann verdient die Art der Historiographie den Vorzug, die am wenigsten Gefahr läuft, in ihrer Art der Geschichtsbeschreibung den oben umschriebenen eigenartigen Charakter des reformatorischen Glaubens zu kurz kommen zu lassen.

Wir glauben, dass bei der typisch-kirchlichen Methode, wie wir sie in den Zenturien angewandt sehen, die Reinheit des Glaubensbegriffes in der Zusammenschau von Offenbarung und Verhüllung in der Empirie leichter in Gefahr kommt, als bei der anderen Methode. Wenn nämlich auf der Darstellung der Offenbarung als vollbrachter Versöhnung grosser Nachdruck zu liegen kommt und dabei der Kirche in ihrem Anfangsstadium ausserdem ein bestimmter normativer Charakter zugebilligt wird, dann bedeutet das eine innere Abschwächung der typischen Spannung im reformatorischen Glaubensbegriff. Dabei tritt die Gefahr auf, dass, während ein natürlich organischer, historischer Entwicklungsprozess der Geschichte als Prozess sui generis als unchristlich abgelehnt wird, an die Stelle dafür doch eine bestimmte organische Entfaltung der Offenbarung tritt, wobei der ursprüngliche Kirchenbegriff unbemerkt in eine mehr oder weniger organische Entwicklung einer übernatürlichen Institution übergeht, die in ihrer Beständigkeit, auch in ihrem weltlichen Bestehen, eine übernatürliche, organische Entfaltung manifestiert. Wenn dazu dann noch das Moment der eschatologischen Stimmung im Hintergrund kommt, entsteht ein Bild der Beständigkeit der Kirche als Institution, das die Spannung und Beweglichkeit des typisch protestantischen Glaubensverständnisses zu kurz kommen lässt. Die Funktion der Kirche und des Gläubigen in der Welt und in der Geschichte kommt dann nicht zu ihrem Recht: Sie haben wohl eine Funktion innerhalb der Offenbarung, aber durch das Abtrennen der weltlichen Geschichte und die getrennte Behandlung der organisatorischen und doctrinären Aspekte des kirchlichen Lebens, läuft das historiographische Bewusstsein dieser Art kirchlicher Geschichtsschreibung ernsthaft Gefahr.

Wir meinen, dass das typisch protestantische Glaubensverständnis, das für eine protestantische Historiographie normativ ist, reiner bewahrt bleibt bei der Verwendung einer historiographischen Methode, die, wie es in der Geschichtbibel geschieht, den Nachdruck auf die Christonomie legt, im Sinne von zu-Recht-Stellen, Gericht, das der Versöhnung vorausgeht. In der Betonung der Profanität der Geschichte, über die das Gericht ergeht, das die Versöhnung in sich birgt, liegt gerade die Spannung und Beweglichkeit, die wir für den protestantischen Glaubensbegriff kennzeichnend nennen wollen. Wenn dabei auch ein starkes Bewusstsein der eschatologischen Bestimmung der Geschichte bewahrt bleibt, setzt sich gerade diese Sicht der Geschichte scharf gegenüber jedem Versuch ab, die Geschichte als organischen Entwicklungsprozess sui generis zu beschreiben. Hier bekommt auch das protestantische Verständnis von Freiheit mehr Chance in seinem zweiseitigen Aspekt von Freiheit von der Verfallenheit der Sünde und Freiheit um 'simul justus et peccator' doch solidarisch in der Welt zu stehen. Dies gilt ebenso für die kirchliche Gemeinschaft, die in ihrem Leben aus der Rechtfertigung voll und ganz 'coetus mixtus' ist und bleibt, für das Stehen unter dem Gericht und in grosser Solidarität mit der Welt, in der sie als Abendmahlsgemeinschaft das Evangelium der Liebe Gottes, die alle Menschen sucht, verkündigen soll.

Wir wollen nicht verheimlichen, dass auch bei dieser Methode eine Abschwächung des Glaubensbegriffes auftreten kann, wenn das eschatologische Moment von einem Spiritualismus abgeschwächt wird, der alle Formen verneint und sich die Unsichtbarkeit des Glaubens so dicht einer weltlichen Unsichtbarkeit nähert, dass wir an Stelle von Profanität von völliger Säkularisierung sprechen müssen. Die Funktion der Kirche und des Gläubigen werden sehr zweifelhaft, wenn sich der Gläubige in keiner einzigen Form der kirchlichen Gemeinschaft mehr heimisch fühlen kann und sagt: 'Wer nun in Gottes Reich will gahn, der flieh davon, nach Christo soll er trachten'.[25] In der Geschichtbibel geht es nicht um diese Flucht, das Buch ist hier noch voll und ganz, was der Titel sagen will: Geschicht-Bibel, eine reformatorische Historiographie, in der die kirchliche Gemeinschaft als Abendmahlsgemeinschaft ihre Funktion erfüllen kann.

Wir schliessen mit einer Bemerkung von Löwith aus seinem Kapitel *'Die biblische Auslegung der Geschichte'*[26]: 'Die Geschichte ist der Schauplatz eines höchst intensiven Lebens, das immer wieder Trümmer hinterlässt. Es ist erschreckend, aber im Geist des Neuen Testaments, zu denken, dass diese Wiederholung von Handeln und Erleiden durch alle Zeiten hindurch erforderlich sein soll, um das Leiden Christi zu vollenden'. Von diesem Handeln und Erleiden wussten sowohl Franck als auch Flacius in ihren Leben und Werken mitzusprechen. In unseren Tagen sprach Bonhoeffer von der notwendigen Umschmelzung der Kirche, eine Umschmelzung 'die noch nicht zu Ende ist und jeder Versuch, ihr vorzeitig zu neuer organisatorischer Machtentfaltung zu verhelfen, wird nur eine Verzögerung ihrer Umkehr und Läuterung sein'.[27] Von all diesem soll die protestantische Historiographie, in Nachfolge der Geschichtbibel, ein Abbild sein und besonders auch das Funktionieren der Kirche und der Gemeinden in der Geschichte wiedergeben. Sie haben, nach der Andeutung in dieser Chronik: 'humiles conventiculae' zu sein, in dem die Abendmahlsgemeinschaft im Mittelpunkt steht, zum Zeugnis für eine Solidarität mit einer Welt, deren Geschichte sie stets wieder zum Gericht und zum Zeugnis erzählen sollen und müssen.

1. G.B., Vorred, a vii.
2. E.H. I, 1, praefatio, p. 1.
3. Fueter, a.a.O., S. 188.
4. G.B., II, 213, v.
5. Räber, a.a.O., S. 88.
6. siehe P. Polman O.F.M., *Flacius Illyricus, Historien de l'église* in: *Revue d'Histoire Ecclésiastique, Tome XXVII*, Louvain 1931, p. 27–73.
7. G.B., I, cxl, r.
8. Luther, W. A. *Briefwechsel* I, S. 47.
9. G.B., I, iii, v. sq.
10. Stadelmann, a.a.O., S. 250.
11. G.B., Vorred, a vi, v.
12. G.B., I, ii, r. et v.
13. G.B., I, vii, r.
14. E.H. XII, ep. ded., p. 6.
15. E. Brunner, *Der Mensch im Widerspruch*, Zürich 1941, S. 468 ff.
16. G.B., III, ccxiiii, r.
17. G.B., III, ccxii, r. sq.
18. G.B., III, cci, v. sq.
19. G.B., III, iii, r. et v.
20. Luther, W. A. 7, S. 710.
21. Luther, W. A. 6, S. 293.
22. ebenda, S. 300.
23. Luther, W. A. 51, S. 507.
24. Luther, W. A. 7, S. 683.
25. E. Teufel, a.a.O., S. 122.
26. L. Löwith, a.a.O., S. 174.
27. Bonhoeffer, *Widerstand und Ergebung*, München 1958, S. 207.

BIBLIOGRAPHIE

Sebastian Franck, *Chronica, Zeitbuch und Geschichtbibell*, 2. (Ulm) 1536. Neudruck: Darmstadt 1969.
H. Schedel, *Liber Cronicarum*, Nürnberg 1493.
M. Barbers, *Toleranz bei Sebastian Franck*, Bonn 1964.
H. Bischof, *Sebastian Franck und deutsche Geschichtschreibung*, Tübingen 1857.
L. Blaschke, *Der Toleranzgedanke bei Sebastian Franck*, in: *Blätter für deutsche Philosophie* II, 1928/29, S. 40–56.
K. Francke, *The place of Seb. Franck and Jacob Boehme in the History of German Litterature*, in: *Columbia University Quarterly*, Vol. I, 1926.
A. Glawe, *Der Subjektivist des Reformationszeitalters – Sebastian Franck*, in: *Ev. Luth. Kirchenzeitung 44*, Jhrg. 1911.
Itsue Hagiwara, *No-Church-Movement. Ein Vergleich des Kirchenbegriffs von Sebastian Franck und Kanzo Utschimara*, Marburg 1962.
A. Hegler, *Geist und Schrift bei Sebastian Franck*, Freiburg i.B., 1892.
P. Joachimsen, *Zur inneren Entwicklung Sebastian Francks*, in: *Blätter für deutsche Philosophie*, Bd II. 1928.
Herman Körner, *Studien zur geistesgeschichtlichen Stellung Sebastian Francks*, Breslau 1935. (Hist. Untersuchungen, hrsg. von E. Kornemann, 16. Heft).
A. Koyré, *Mystiques, Spirituels, Alchimistes-Schwenckfeld, Seb. Franck, Weigel, Paracelsus*, Paris 1955.
Cahier des Annales I.
Manfred Krebs und Hans Georg Rott, *Elsasz I und II*, Gütersloh 1959–1960.
(= Quellen und Forschungen zur Reformationsgesch. XXVI u. XXVII – Quellen zur Geschichte der Täufer VII u. VIII).
J. Lindeboom, *Een franc-tireur der Reformatie, Sebastiaan Franck*, Arnhem 1952.
Der linke Flügel der Reformation, hrsg. von H. Fast, Bremen 1962.
O. H. Nebe, *Zum Begriff des Glaubens bei Sebastian Franck*, in: *Theologische Studien und Kritiken*, 107 Jhrg. (1936), S. 266–274.
Hermann Oncken, *Sebastian Franck als Historiker*, in: *Historische Zeitschrift*, XLVI (1899), S. 385–435.
W. E. Peuckert, *Sebastian Franck, Ein deutscher Sucher*, München 1943.
K. Räber, *Studien zur Geschichtsbibel Sebastian Francks*, Basel 1952. (Basler Beitr. zur Geschichtswissenschaft, Bd. 41.)
A. Reimann, *Sebastian Franck als Geschichtsphilosoph*, Berlin 1921. (Beiheft I der Zeitschr. der Comenius-Gesellschaft.)
R. Stadelmann, *Vom Geist des ausgehenden Mittelalters*, Halle 1929.
K. Schottenloher, *Bibliographie zur deutschen Geschichte im Zeitalter der Glaubensspaltung 1517–1585*. 6 Bde. Leipzig 1932–1940 2 Stuttgart 1956–1958. Nos. 6472-6536; 46321-46334; 54608-54623.
Th. C. van Stockum, *Sebastiaan Franck*, in: *Nieuw Theol. Tijdschrift* (29), 1940, blz. 31–50.
E. Teufel, *'Landräumig', Sebastian Franck, ein Wanderer an Donau, Rhein und Neckar*, Neustadt an der Aisch, 1954.

Eberhard Teufel, *Sebastian Franck im Licht der neueren Forschung*, in: *Theologische Rundschau*, 12 (1940), S. 99–129.
Ecclesiastica Historia etc., Basel 1559–1574.
H. Bornkamm, *Flacius*, in: *New Schaff-Herzog Encyclopedia of Religious Knowledge*, Vol XIV, p. 429–430.
K. Heussi, *Centuriae*, in: *Harnack-Ehrung*, Leipzig 1921, S. 328–334.
J. Massner, *Kirchliche Überlieferung und Autorität im Flaciuskreis*.
Studien zur Magdeburger Zenturien, Berlin 1964.
M. Mirković, *Matiya Vlačič Ilirik*, Zagreb 1960.
P. Polman, O.F.M., *L'élément historique dans la controverse réligieuse du XVIe siecle*, Louvain-Gembloux 1932.
P. Polman, O.F.M., *Flacius Illyricus, historien de l'Eglise*, in: *Revue d'histoire Ecclesiastique*, Tome XXVII (1931), p. 27–73.
W. Preger, *Matthias Flacius Illyricus und seine Zeit*, 2 Bde, Erlangen 1859–'61.
(Neudruck Hildesheim und Nieuwkoop, 1964).
Schaumkell, *Beitrag zur Entstehungsgeschichte der Magdeburger Centurien*, Ludwigslust 1898.
H. Scheible, *Die Entstehung der Magdeburger Zenturiën. Ein Beitrag zur Geschichte der historiographischen Methode*, Gütersloh 1966.
H. Scheible, *Der Plan der Magdeburger Zenturien und ihre ungedruckte Reformationsgeschichte*, Heidelberg 1960.
A. A. v. Schelven, *De Maagdenburger Centuriën als getuigenis van Reformatorische samenwerking*, in: *Ned. Archief v. Kerkgeschiedenis, Nieuwe Serie, Deel XXXIX* (1952), blz. 1–18.
M. Steinmann, *Johannes Oporinus. Ein Basler Buchdrucker um die Mitte des 15. Jahrhuhderts*, Basel u. Stuttgart 1967. (Basler Beitr. zur Geschichtswissensch. Bd. 105.)
H. E. Barnes, *A History of Historical Writing*, 2 ed. New York 1962.
H. Berkhof, *Der Sinn der Geschichte*, Göttingen und Zürich (1962).
D. Bonnhoeffer, *Widerstand und Ergebung. Briefe und Aufzeichnungen aus der Haft*, München 1958.
E. Brunner, *Die christliche Nicht-Kirche Bewegung in Japan*, in: *Evangelische Theologie*, 14. Jahrg., 1959. S. 147 ff.
Eug. Droz, *Chemins de l'Hérésie I*, Genève 1970.
G. Ebeling, *Die Geschichtlichkeit der Kirche und ihre Verkündigung als theologisches Problem*, Tübingen 1954.
E. Fueter, *Geschichte der neueren Historiographie*, 3e Aufl. München 1936.
Zur Geschichte der Universalgeschichtsschreibung. Int. Forschungszentrum für die Grundfragen der Wissenschaften, Salzburg 1967.
C. A. Hase, *Seb. Franck von Wörd der Schwarmgeist*, (Leipzig) 1869.
W. Kaegi, *Grundformen der Geschichtschreibung seit dem Mittelalter*, Utrecht (1948).
W. Kamlah, *Christentum und Geschichtlichkeit*, 2 Stuttgart 1951.
H. W. Krumwiede, *Glaube und Geschichte in der Theologie Luthers*, Göttingen 1952.
K. Löwith, *Weltgeschichte und Heilsgeschehen*, Stuttgart 1953.
P. Meinhold, *Geschichte der kirchlichen Historiographie*, Bd. I., München (1967). (Orbis Academicus, Bd. III/5.)
J. Moltmann, *Theologie der Hoffnung*, 8 München 1969. (Beitr. zur Ev. Theologie, Bd. 38.)
James Westfall Thomson, *History of Historical Writing*, New York 1942.
J. Scheschkewitz, u. A., *Geschichtsschreibung. Epochen, Methoden, Gestalten*, Düsseldorf 1968.
G. H. Williams, *The Radical Reformation*, London (1962).

NAMENREGISTER

Abélard 64
Abraham 9, 11, 31
Adam 9, 11, 23, 24, 30, 31, 36, 39
Ägypten 17
Afrika 79
Agnes (später Papst) 19
Agrius, Konrad 51
Albona 49
Aleman, Ebeling 51
Alexander II (Papst) 20
Alt siehe Schedel
Althamer, A. 7
Anabaptisten 12
Anastasius (Kaiser) 60
Andreae, J. 50
Antwerpen 50
Aristoteles 65
Armenier 23
Asien 79
Assyrier 9
Augsburg 17, 18, 28
Augustin 20, 21, 23, 26, 37, 38, 59, 67, 98
Augustus 15
Bachofen, Fr. 49
Balaeus siehe John Bale
Bale, John 61
Barnes, H. E. 3
Barth, K. 45
Basel 8, 16, 24, 49, 51
Beck, Balthasar 7
Beck, Margaretha 8
Behaim, O. 7
Benedictus von Nursia 60
Berkhof, H. 1
Berlin 50
Bern 16
Bernhard von Clairvaux 64, 84
Beumüller, Nikolaus 51
Beyer, Hartman 50
Bischof, H. 10, 25
Boethius 60
Bonhoeffer, D. 43, 112
Bonifatius 60, 61, 85, 90

Brenz, J. 14
Breylinger, N. 8
Brunner, E. 44, 108
Buchenbach 7
Bünderlin, H. 7
Bullinger, H. 37
Burckhardt, J. 5, 11
Calvin, Joh. 8
Carthago 20
Cato 13
Chemnitz, M. 50
Ciceler, David 51
Cicero 54
Clemens I (Papst) 20
Clemens VII (Papst) 9, 19
Chlodwig 59
Copus, Martin 51
Cullmann, O. 5
Cyprianus 20
Dänemark 18
Daniel 9, 12, 14, 24, 29, 57, 60, 84, 87
Darius 12
David 9, 11
Demokritus 13, 21
Denck, H. 7, 22
Deutsche 9, 11, 27
Deutschland 60, 64
Diogenes 13
Donau 7
Donauwörth 7
Eck, J. 7
Elia 49, 87
Elisabeth I von England 58, 87
England 19, 58
Erasmus 7, 13, 22, 37
Essener 12
Esslingen 7
Europa 62, 79
Eusebius 37, 54, 57, 58
Faber, Basilius 51
Flacius, Matthias passim
Franck, Sebastian passim
Frankfurt 50

Frankische Reich 61
Franziskus von Assisi 65
Felix 14
Festus 14
Freimar 51
Fueter, E. 2, 98
Fugger 51
Fulda 50, 51
Galerus Maximinus 36
Georgiër 23
Ghibellinen 16
Gideon 12
Gottfried von Lothringen 63
Gregorius II (Papst) 59, 60
Griechen 23, 62
Grynaeus 49
Guelfen 16
Güstenfelden 7
Hadrian VI (Papst) 20
Hagiwara, Itsue 43
Heering, G. J. 79
Hegesippus 57
Heidelberg 7
Heinrich IV 62
Heraklit 21
Herodes 12, 18
Heshusius 50
Hitfield, Ambrosius 51
Hieronymus 20
Hildebrand (Papst) 62
Hormisdas, (Papst) 60
Hubmaier, B. 7
Huizinga, J. 40, 89
Hus, Joh. 21, 22
Hussiten 16, 23
Hyrcanus 12
Ignatius 37
Illyrië 49
Indien 23
Ingolstadt 7
Innozenz III (Papst) 65
Irenaeus 37, 57
Irene 62
Islam 15, 60, 87
Israel 12, 13, 65, 101
Jacobiten 23
Jakobus 19, 20, 57
Japan 44
Jedin, H. 4
Jena 49, 51
Jericho 72
Jerusalem 11, 16, 27, 63, 64, 72, 84
Jesus Christus *passim*
Johanna (Päpstin) 61, 87

Johannes VII (Papst) 19
Johannes, Apostel 57
Johannes Damascenus 60
Johannes der Täufer 14
Joseph 84
Josephus 10, 12
Juda 12
Judex, Matth. 51
Julius (Kaiser) 13
Kaegi, W. 2
Karl V. 9, 13, 16, 17, 28
Karl der Grosse 15, 23, 60, 61, 62
Kehl 7
Klempt, A. 2
Konstantin der Grosse 15, 23, 24, 36, 38,
 42, 58, 79, 85
Konstantinopel 16, 64
Konstanz 21
Koopmans, J. 67
Lactantius 10
Langobarden 62
Leipzig 51
Leo I 59, 62
Leunculus, Kaspar 51
Lindau 51
Lindeboom, J. 3, 4
Löwith, K. 5, 101, 112
Longobarden 61
Lot 36
Luther, M. 4, 7, 22, 32, 49, 50, 87, 91, 95,
 101, 110, 111
Lutheraner 23
Magdeburg 49, 51
Major, Georg 49
Mansfeld 50
Maria 14, 19, 84
Maroviner 23
Maxentius 38
Maximilian von Österreich 16
Meder 12
Meinhold, P. 4, 40, 43
Melanchthon, Ph. 3, 49
Menius, Justus 49
Mohammedaner 23
Moltmann, J. 1, 41, 45
Mörlin 50
Moroniter 23
Mosarabier 23
Moscoviten 23
Moses 24
Moskou 63
Münster 18
Mukyokai-Bewegung 44
Nero 14

Nestorianer 23
Nicomedicuses 58
Nidbruck, Kaspar von 51
Niger, Bernhard 51
Nikodemus 21
Noah 9, 11, 16
Nürnberg 7, 10, 16
Oncken, H. 45
Oporinus, J. 49, 51
Oranien, Prinz von 50
Origenes 20
Orosius 5
Otto von Freising 10
Paracelsus 7
Passau 49
Paulus 14, 19, 20, 29, 37, 57, 69, 73
Perser 12, 91
Petrus 9, 19, 20, 34, 57, 61, 62
Peuckert, W. 45
Pharisäer 12
Philippus (König) 65
Pilatus 15
Plato 21
Plinius 14
Plotinus 13
Polen 62
Polman, P. 113
Prätorius, Gottschalk 51
Preger, W. 92
Räber, K. 2, 25, 26, 27, 29, 38, 46, 99
Radensis, Wilhelm 51
Regensburg 16, 50, 51
Resch, Conr. 8
Rom 17, 19, 59, 62, 64, 72, 87
Sadduzäer 12
Salomo 12, 13
Salzburg 17
Samaria 57
Samaritaner 23, 72, 73
St Gallen 22
Schaumkell 92

Schedel, H. 2, 10
Schröder, Petrus 51
Schweden 62
Schwenckfeld, Joh. 8, 49
Seneca 14
Sigismund 24, 29
Sylvester 15
Slavonien 62
Socrates 13
Sodom 36
Speyer 18
Stadelmann, R. 47, 104, 110
Steiermark 17
Strassburg 8, 50
Süd-Deutschland 17
Syrer 11
Täufer 4, 18, 22, 23
Tertullianus 20, 37
Teufel, E. 45
Theodoretus 58
Thomas 19
Thompson, J. Westfall 5
Tübingen 49, 50
Türken 15, 16, 18, 22, 63, 64, 72, 87, 91
Turnauwer, C. 11
Ulm 8
Ungarn 62
Utschimura, Kanzo 43
Veldpock, P. 51
Victor (Bischof zu Rom) 37
Wagner, Marcus 51
Waldenser 23
West-Gothen 59
Wien 18, 51
Wigand, Joh. 51
Wittenberg 49, 51
Wörnitz 7
Worms 16
Zacharias 84
Zwingli, H. 22
Zwinglianer 23

ABBILDUNGSVERZEICHNIS

Mit Ausnahme der Nummer 3, 4 und 8 sind die Abbildungen aus H. Schedel, *Liber Cronicarum*, Nürnberg (Anthon Koberger) 1493. Universitätsbibliothek Amsterdam.

Die Abbildungen sind der angegebenen Seite gegenübergestellt.

1. Christus als Weltkönig. frontispice
2. Illustration aus der Schöpfungsgeschichte. 1
3. Das Baslerviertel, wo Sebastian Franck in Basel wohnte. Aus der Merian Karte von 1615. Staatsarchiv Basel. 7
4. Sebastian Franck, *Chronica, Zeitbuch und Geschichtbibell*, Titelseite 2e Aufl. Ulm (Johann Varnier) 1536. Bibliothek der Ver. Doopsgez. Gemeente Amsterdam. 8
5. Konzilsbild. 21
6. Zeichen des nahenden Weltendes. 29
7. Stadtansicht Ulm. 38
8. Das Bildnis von Matthias Flacius Illyricus aus J. J. Boissard, *Bibliotheca Chalcographica*, Heidelberg (Clemens Ammon) 1669. Universitätsbibliothek Amsterdam. 49
9. Stadtansicht Strassburg. 50
10. Stadtansicht Magdeburg. 53
11. Mohammed auf seinem Thron. 60
12. Judenverbrennung. 74
13. Taufe Christi. 88
14. Das siebente Weltalter: Das Gericht 95